小渌天書録
小渌天藏書目

中册

〔清〕孫毓修 撰
樂怡 整理
吴格 審定

書目題跋叢書

中華書局

蘭雪堂銅活字本蔡中郎集十卷外傳一卷　二册

顧千里曰「漢魏人集，猶是宋人所編者，今惟存蔡中郎而已」。蔡中郎以有歐静序十卷本爲最古。此蘭雪堂活本，爲後來翻刻之祖。目後有大字兩行云「正德乙亥春三月錫山蘭雪堂華堅允剛活字銅版印行」二行，《外傳》末亦有兩行云「錫山蘭雪堂華堅允剛活字銅版印」。題皆大字單行，文皆小字雙行。此本初印精善，猶存明初書簽。收藏有「四明盧氏抱經樓藏書印」白文方印。

荆南倡和詩集一卷有坿録　一册

此無錫周砥、荆溪馬治倡和之作也。元季，高季迪、徐幼文、馬孝常、周履道、鄭元祐，皆能詩，號「五先生」。履道、孝常，相交尤篤，其倡和集，成化己丑宜興李廷芝刊於弋陽。有鄭元祐、周砥前序，高啓、徐賁、李應楨、張弼序並題詞。收藏有「四明盧氏抱經樓藏書印」白文方印。

眉注：砥字履道，號菊溜生，本吴人，流寓無錫。

剡源文選四卷　一册

康熙刊本

文選注六十卷考異十卷〔一〕　二十四册

鄱陽胡克家翻刻宋池州本，有嘉慶十四年二月刻書叙。每卷後有「賜進士出身通奉大夫江南蘇松常鎮太等處承宣布政使司胡克家重校刊」一行。鐫刻者，江寧劉文奎及其弟文楷、文模。宋本原有《考異》，胡氏未見，乃召元和顧廣圻、鎮洋彭兆蓀撰成十卷，幾於二十萬言，有序。按，胡氏假百宋一廛宋本上版，近虞山楊氏亦藏宋刻，並有《考異》，每葉二十行，行大小均廿一字，取胡刻相較，誠所謂下真蹟一等耳。

【校勘記】

〔一〕原書從此篇開始爲第二册，未注明部類，疑爲「集類」續。

重訂文選集評十六卷　十六册

江蘇書局本，乾隆中金壇于光華翦裁六臣注，並採何義門、孫月峰諸家之評而成。刻於廣州，吾鄉秦果亭鑚序之，後又益以方氏手評，邵氏集成二書，編次重刻，蘇局又翻其本也。卷首一册爲序例、目録、體辨、集説、姓氏小傳，末册爲葉星衛補注。此予二十二歲讀《禮》時買得，暑寒晦冥，研朱自課，遂得成誦。近始從蘇州取回，因列於此。按，于氏此本，擅改古書，原非佳帙，念少年寒苦，得書不易，燈窻風雨，往事未忘，故守之弗失。光緒乙未，携至江陰南菁書院重装，尚觸手如新焉。

楚辭十七卷　四册

同治十一年金陵書局重刊汲古閣本。此亦二十二歲所買書，曾以朱泥點句。

臨野堂全集三十八卷　八册

吴江鈕琇[一]玉樵著得自蘇人楊遂菴。康熙間刊本。文集十卷，康熙己卯潘耒序。詩集十三卷，康熙廿九年李因篤序。詩餘二卷，自序。尺牘四卷、《觚賸》八卷，自序。《觚賸續編》四卷，自序。

【校勘記】

〔一〕「琇」，孫稿原作「秀」，誤，今據通行本目録徑改。

元氏長慶集六十卷補遺六卷　六册

唐河南元稹微之著，明松江馬元調巽甫校。得自浙人朱訪梅。明萬曆中松江馬元調與白集合刻本。首有萬曆甲辰立夏日吴郡婁堅子柔序、《新唐書》本傳、凡例。馬氏據嘉靖中東吴董氏本重刻，董本殘闕處取《文苑英華》補之。音義、補遺均馬巽甫所加。

白氏長慶集七十一卷目録二卷　十二册

首有萬曆丙午吴郡婁堅子柔刻書序、長慶四年冬十二月十日河南元稹微之《白氏長慶集序》，後有會昌五年夏五月一日自序、《新書》本傳、李商隱碑銘，而陶穀《龍門重修白樂天影堂記》三葉則季滄葦鈔補，有「季印振宜滄葦」等方印。每册有「孫印廷鏡」方印，固吾宗舊物也。

陋軒詩集六卷　六册

泰州吴嘉紀野人著。康熙間刊本，有吴周祚、汪懋麟、陸廷掄序三首。

天真閣集五十四卷外集六卷附長真閣詩集七卷　十二册

一函。昭文孫原湘子瀟。得自太倉顧氏謏聞齋。嘉慶中刊本。有嘉慶庚申秋九月自序。總目前有小像，外集後附行述。《長真閣集》，其配席佩蘭道華之所作也。吾宗著述不多見。先生與吾同出唐田宗譜，所稱常熟支是也，吾又與其後人名雄者同學南菁，於此集宜加愛護焉。

集千家注杜工部詩集二十卷文二卷　六册

萬曆壬寅許自昌刊本，有序。雜取宋人黄鶴、蔡夢弼諸家之書而成，非善本也。惟摹刻尚精，批點出明人手。有「强項潘生」等印。

静志居詩話二十四卷　十六册

秀水朱竹垞先生著，扶荔山房編輯。得自山陰虞姓。嘉慶中刻本，有嘉慶己卯武陵趙慎畛、南城曾燠序，錢塘姚柳依自《明詩綜》録出單行。扶荔山房，其齋名也。

錢塘韋先生集十八卷　十六册

得自杭人某。藍格舊寫本，每半葉十行，行二十字。「遘」字注「今上御名」，源出於宋。闕卷一、卷二。後有《乾道四年五月中澣孫右奉宜大夫知汀州軍州主管學事兼管内勸農使能定跋》，言「先大父文稿二十卷，家藏日久，中以季父參議携往别墅，最後二卷遺失，不可復得，大懼。歲月寖遠，復有亡逸，謹命工鋟梓於臨汀郡庠」，是一、二兩卷闕失已久。《四庫》本止存十六卷，此尚是足本也。墨筆校語出姚世榮手。末卷副葉朱筆題「康熙戊戌長至後三日姚世榮校閲於西塍書屋」。按〔一〕《歸安縣志》，姚世榮字帆雪，一作帆雲，雍正癸卯舉人。卷中朱筆似鮑以文手蹟。又據宋刻對校者，第一册有夾籤，審是吴門蔣香生鳳藻所書，云「是書藍絲闌式，頗似蕭山王氏十萬卷樓抄本。卷十七第十頁眉間墨筆『熙寧』譌『康熙』，校語『寧』字缺心，敬避宣宗御名，道光時人所校無疑。細玩手迹，當是陳恭甫筆，且查恭甫藏本，向無印識，多王氏抄寄之書」。按，香生云云實誤，「寍」作「寕」，宋板書中常見，不可據爲避諱之證也。

【校勘記】

〔一〕原稿「按」字下有「姚世鈺字玉裁，號薏田，歸安人。著有《孱守齋遺稿》四卷，録入《四庫全書附存目》中。《鮚埼亭集》有《姚薏田墓志》，稱『其學私淑義門』」一段，有删除記號，疑孫氏擬删。

青溪弄兵録一卷〔一〕

以下六種得自嘉興朱訪梅：《青溪出師録》一卷、《建炎維揚録》一卷、《采石瓜洲斃亮記》一卷《附録》一卷有序題「隆興改元得軒漫叟書」、《中興禦侮録》二卷、《襄陽守城録》一卷門生忠訓郎鄂州都統司同副將特差兼京西路招撫使司凖備差遣趙萬年編。已上六種舊鈔本，合訂一册。書法精雅，通體如一，書唇隸書尤覺精絶。有何焯聯珠小印。《瓜洲斃亮記》，嘉興朱訪梅以吴枚菴鈔本校。

【校勘記】

〔一〕一名「清溪弄兵録」。

頻羅菴遺集十六卷　四册

元刊棉紙初印本，無刻書序跋。惟列德清許宗彦撰《學士梁公家傳》、表弟張雲璈撰《翰林學士梁公傳》、《頻羅菴遺集總目》一葉。凡七種，《詩》三卷，《集杜》二卷，《文》四卷，《題跋》四卷，《直語補證》一卷，《日貫齋塗説》一卷，《筆史》一卷。許傳載公九十一歲爲無錫孫氏書家廟額「忠孝傳家」四大字，方三尺，筆力沉厚，觀者莫不嘆絶。

愚山先生學餘文集廿八卷學餘詩集五十卷擬明史列傳稿七卷別集四卷施氏家風述略二卷　二十册

宣城施閏章著。詩集後有同里後學梅庚跋：「觀察金公長真酷好其詩，以屬稿未定，爲刻數卷而止。先生歿三十年，今通政楝亭曹公追念舊遊，懼遺文之就湮也，寓書於其孤，舉學餘全集授諸梓，經始於丁亥五月，又館其孫瑮於金陵事讐校」云云。是此集楝亭出貲，刊於金陵者，故文、詩集後均有「康熙戊子九月楝亭梓行」篆文木記。《文集》有寧都易堂魏禧序、年弟湯斌墓誌銘、校閲姓氏二葉。自崑山徐健學至同邑梅庚，凡四十三人。《詩集》有虞山蒙叟錢謙益序。《別集》卷一之二、《蠖齋詩話》卷三之四、《矩齋雜記》《王阮亭摘句圖》附焉，有陽湖後學潘思榘序。《家風述略》蓋先生述其祖父四世遺言瑮事，有康熙丙辰十二月三日皖江舟中跋，又有武林後學毛先舒序、長洲尤侗序。《家風述略續編》，先生之弟彦恪所録，有康熙乙未長至日、康熙丁亥嘉平望後十日彦恪自跋。

道古堂文集四十六卷詩集二十六卷　二十册

仁和杭世駿大宗。《文集》有乾隆五十五年庚戌十月朔日鎮洋後學畢沅序，言「今先生令子賓仁，以先生詩文集就質於余，余既服先生於學之勤，又嘉令子之能承先志」云云，是其子賓仁校刻本也。詩分十四集，一《橙花》，二《遇春》，三《補史亭賸剩》，四《閩行雜録》，五《赴召》，六《翰苑》，七《歸耕》，八《寄巢》，九《脩川》，十《桂堂》，十一《嶺南》，十二《閒居》，十三《韓江》，十四《送老》。《橙花》有雍正五年丁未閏三月錢塘龔鑑序，《遇春》有錢唐周天度序，《赴召》有仁和張熷序，《翰苑》有同里後學曹芝序，《脩川》有雙韭山民全祖望序，《嶺南》有嶺南後學何夢瑶序，《閒居》有同里曹芝序，《韓江》有乾隆丁亥三月同里汪沆序。■■中汪氏振綺堂得其集補刻印行，又輯■■。此則原搨初印本也，舊爲長洲蔣香生藏書，有「東漢十印齋」朱文方印。

帶經堂全集七編九十二卷　二十四册

七略書堂精刻本

新城王士禛貽上、歙門人程哲校編。凡七編，一《漁洋詩》二十二卷，二《續詩》十六卷，三《文》十四卷，四《蠶尾詩》二卷，五《續詩》十卷，六《文》八卷，七《續文》二十卷。文簡詩尚有《雍益》《南海》二集，不在此編之内。前有程哲彙刻序。文簡之詩，生前已有刻本。錢謙益、李敬、汪琬、葉方藹、陳維崧、程哲分序之，今仍分列卷首，序後有遺像、林佶書贊，題「辛卯臘望」，是刻成於康熙。

漁洋山人精華録訓纂十卷目録二卷年譜二卷　十二册

小門生惠棟定宇撰，同學諸子纂，紅豆齋刊本。文簡晚年仿《山谷精華録》例，自定其詩函。此本惠氏此注亦任淵、史季温注《山谷内外集》之意也。以引證繁博，每卷各分爲上、下。首列錢謙益序及古詩一首，次凡例，次引用書目及惠氏家集書目。棟撰書採入

《訓纂》者目録。《年譜》，山人自撰，惠氏注補。書經前人以朱筆評點，又以《帶經堂集》林吉人寫刻本《菁華録》校其異同。

陔餘叢考四十三卷　十册

陽湖趙翼耘菘。元刊初印本，有乾隆五十六年辛亥四月望前三日同館後學吴錫麒序、五十五年庚戌嘉平月自序，序言「余自黔西乞養歸，問視之暇，日夕惟手一編，有所得輒札記别紙，積久遂得四十餘卷，以其爲循陔時所輯，故名曰『陔餘叢考』」，通計八百七十餘則。

陽明先生集要十五卷　十册

明崇禎乙亥刊本

餘姚施忠愍公邦曜編刻並加詳點，有序。分理學四卷，經濟七卷，文章四卷，最爲簡要。冠以年譜。首列閩九皋居士林釬、崇禎乙亥七月乙卯閩漳王志道、黄道周、顔繼祖序，後有王立準跋。

秋笳集八卷　八册

康熙雍正合刻本

一函。吴江吴兆騫漢槎著。漢槎少負才名，登順治丁酉賢書，爲仇家所中，遣戍寧古塔，發爲詩歌，鳴其不平，故以「秋笳」名集。卷一之四題「前集」，皆少年時所作，黑線口，版崑山徐健菴所刻。卷五之六「雜體詩」，亦少年所作。卷七之八「題跋集」，爲戍所及歸來所作，白口，版其子振臣所續刻。卷末有雍正丙午振臣跋，云「先君著作頗富，奈屢丁顛沛，存者無幾。當健翁索稿之先，值有老羌之警，遺失過半，及扶柩南返，復覆舟於天津，而沉溺者又過半。是所刻尚未盡，然皆不可得矣」。首有練水盟弟侯玄泓序、弟兆宜小引、《報徐健菴書》、吴兆寬志謝詩，爲健菴索稿付刻事也。「雜體詩」有西陵同學陸圻、吴門同學宋實穎兩序。

鄂州小集六卷郢州遺文附　四册

康熙癸巳七略書堂刊本

一函。歙程哲聖跋輯録，有序。羅願《鄂州小集》臨江劉清之編次，其子澄之刻寘鄂州郡齋者，是爲第一本。宋乾道二年，新安鄭玉序刻者爲第二本，於七世孫傳道四刻於裔孫文達，歙程哲聖跋輯録，寫刻皆精。羅願《鄂州小集》，臨江劉清之編次，其子澄之刻寘鄂州郡齋，宋乾道二年新安鄭子美又序刻之，皆十卷。明洪武初，七世孫傳道復求東山趙汸、新喻趙壎、豫章李宗頤、金華宋濂、王褘、嚴陵馬珹、眉山蘇伯衡、括林公慶輩序而刻之，則已亡其五卷，又輯補一卷，共六卷按，弘治中，裔孫文達本跋云「洪武初，七世孫山陽令傳道期欲刊布，未遂而卒」，此説未確，毓修見洪武本六卷附録二卷。弘治十一年，裔孫文達本附入曹涇《鄂州太守存齋先生羅公傳》，及《羅頌郢州遺文》。天啓丙寅，從裔孫朗又翻其本。此本悉載其序跋，舊爲張學安、吴枚菴藏書，有「執經堂藏善本」朱文長方印，在目録首葉、「吴郡張紹仁學安藏書」白文方印，在卷一首葉、「吴翌鳳家藏文苑」白文長方印，在程序首葉、「枚菴流覽所及」朱文方印，在卷末等圖記。

海叟詩集四卷集外詩一卷附録一卷 二册

上海曹氏精刻本，王西莊批閲

一函。雲間袁凱景文箸，後學曹炳曾巢齋重輯。中縫下方有「城書室」三字，即曹氏齋名。有康熙六十一年壬寅曹炳刻書序。《海叟集》，明有正德、嘉靖、萬曆數刻，此本仍存其原序。《集外詩》及《附録》則曹氏所增入也。《四庫》據此著録爲《海叟集》最足之本。此經嘉定王西莊先生閲過，朱墨爛然。前賢手迹，彌可珍重。有「王鳴盛印」「西莊居士」均白文方印，一在目録首葉，一在卷三首葉。

王氏手跋附録：詩至南宋之末而盡矣，已無復有詩矣。元人欲趨唐調而未能也，其去古最遠者，尤在五言古風一體。觀海叟於此體何其平易疎淡，樸實簡老也。爲之甚不難，而自是可傳者，何哉？當舉世久不爲此體之後而獨爲之，故足重耳。須是細心静氣讀之，若腸肥腦滿者，何由識得其中趣味。庚子七月，病中不能讀書，因看此。王鳴盛記朱筆在卷一後。

海叟集三卷　一册

明正德刊本

雲間袁凱景文著，同郡陸深刻，小字黑口版，款式頗古。有正德元年秋八月八日北地李夢陽序，謂「集中燕詩最下最傳諸高者顧不傳雲間，故吴地叟亦不與四傑列名，行既晦，集亦罕存。叟同郡人陸吉士子淵購得刻本於京師，乃删定爲今集」云。

韓詩外傳十卷　四册

明芙蓉泉書屋刊大字本

一函。漢韓嬰撰。首列韓嬰小傳。葉十八行，每行字亦如之。每則首行頂格，次低一字。白魚尾。葉號下隸書「芙蓉泉書屋」五字，明嘉靖中歷下薛来刊本也，源出於元。「孔子南遊」一條未闕。

楚辭八卷辯證二卷後語六卷　三册

明刊本

一函。朱子集注。首列成化十一年歲在乙未秋八月既望旴江何喬新序。序目後有馮開之《讀楚辭語》，蓋明季翻刻本。他本多闕《辯證》《後語》，此尚完整。正文大字注另行低一格，文亦直行。版刻清朗，便於老眼。

增補宋元學案一百卷首一卷　二十四册

道州何氏刊本

二函。餘姚黄宗羲原本，男百家纂，鄞縣全祖望修定。首列道光十有八年戊戌夏六月道州何淩漢序，蓋《學案》久未刊行，道光中陳碩士少宗伯督學浙江，得其藁本，屬鄞士王梓材、馮雲浩校刻成書。文安爲之序，又有丙秋秋初男紹基跋，云「馮氏書版燬於兵火，紹基在都重刻。復招王䕶軒下榻顧亭林先生祠，精心勘閱，又爲補脱正誤，五年而成，視馮刻又加善矣」。首列《宋元學案考略》及「凡例」十二則，皆王梓材撰補，次總目。此書梨洲父子作述於前，謝山艧軒及一時學者校訂於後，其有功儒林，非細故也。是本尚屬初搨，紙墨樸雅，今亦不易得矣。

因樹屋書影十卷　六册

懷德堂刊本

櫟下老人筆記，屯溪螺隱訂按，「屯溪螺隱」黄山吴冠五宗信自號，與老人交最契。是書蓋老人於清室中，將生平所睹，記有關於世道人心、文章政事，以及山川人物、草木蟲魚，可助見聞者，皆命筆記之，事白復職，鋟板於金陵。有康熙六年歲次丁未季夏山陰姜承烈序、盱江徐芳序、高阜序、杜濬序、黄虞稷序，武陵張遂辰、吴郡鄧漢儀、金沙銘鹿峰跋。又有雍正三年三月三日男在延識，謂「老人一夕忽取生平所著書版，燬之殆盡，《書影》版亦不存。此則重刻本也」。

欄下注：在延即朱彝尊等徵刻《唐宋秘本書目》所稱之梨莊，櫟園長子。周氏世以書爲業，嘉隆以來，雕版行世，周氏實始其事。閩謝在杭，萬曆中鈔書祕閣，後盡歸司農，梨莊極力珍護，巋然獨存，大抵皆今世所不數見者。

賴古堂集二十四卷附録一卷　四册

七業堂刊本

一函。浚水周亮工櫟園著，虞山錢陸燦、錢謙益、西河毛甡序之。櫟園初刻删定《賴古堂詩》，晚年重定全藁，一夕中有所感，盡取焚之。此則康熙十四年，其子雪客據舊刻詩集又搜輯文藁以鋟梓，在浚重刻跋。卷一之十二詩，卷十三之二十四文，復輯年譜、碑銘爲附録。目録後有三行云「秣陵于君杰、蔣維章仝書，金陵范翰伯精刻」。

唐皮日休文藪十卷　二册

明正德庚寅袁褧刊本

一函。前有如京使金紫光禄大夫檢校司空兼御史大夫上柱國河東縣開國伯食邑九伯户柳開序，日休自序謂：「咸通丙戌中，射策不上第，退歸州，來別墅編次其文，凡二百篇，爲十卷。」此本即其所自定，卷一賦，卷二諷悼，卷三雅著，卷四碑銘贊，卷五文論頌序，卷六箴，卷七、八雜著，卷九書，卷十詩。已見《松陵唱和集》者，不在卷中。每葉廿二行，行廿字。明正德庚寅袁褧刻本有其兄袁表跋，此本失之。袁氏刻書甚多，皆極精，此本字畫與其所刻《四十家小説》相似。舊爲鮑以文、顧千里藏書，有「鮑以文臧書記」朱文長方印，在自序首葉及卷尾、「歙鮑氏知不足齋臧書」朱文大方印，在卷一及卷六首葉、「顧澗蘋藏書」朱文長方印，在柳序首葉、「思適齋」朱文方印，在卷一首葉等印。記末有題跋一葉，署名「宏信」，姓里無考。卷首有「漱石山人」「周印如璽」兩印，未知即其人否。

宏信手跋附録：此本《文藪》，曩爲張幼溪指向遺經堂求售，計七折六兩，買賣者皆視爲宋刻也。余雖審定明初刻，然無所徵。三十年來，又獲於吴門吴氏，閲其印，知不足齋藏本，質諸鮑丈，而不知所出。先呈獲萬曆許元祐刻本較之，藉此本補正一字，有正德袁表跋，稱「弟褧摹本，同諸弟衮、襄勘校鋟梓」，則此本爲許本水藍。袁氏刻有小説、文選，皆精善，在明時已佚其跋以亂宋本，益徵予之……〔二〕

【校勘記】

〔一〕此跋孫氏原稿未鈔録完整，有删除記號。

涵芬樓叢鈔廿一種五十六卷　二十八册

寫本

用上海涵芬樓黑格紙傳録樓中及友人祕册，凡二十一種。《中原音韵》一卷，陸敕先手寫本；《緯略》十二卷，舊鈔本；《兩朝剥復録》六卷《遺稿》一卷、《三爰書》一卷、《弔諸忠節死臣詩》一卷、《欽定逆案》一卷、《三朝正論》一卷、《存是録》一卷、《點將録》一卷，俱吴枚菴《藝林學山》本；《泥封印古録》一卷、《兔牀日記》一卷、《竹汀日記》一卷，俱手藁本；《天全堂書目》一卷，安念祖稿本；《多羅貝勒致平西王書》一卷，刻本；《趙氏家法筆記》一卷，舊鈔本；《唐史論斷》三卷、《學齋佔畢》四卷，俱影宋鈔本；《廣志繹》六卷《雜志》一卷，刻本；《鈍吟雜録》一卷，舊鈔本；《闕毛先聲》四卷《附録》一卷，吴枚菴鈔本；《經進皇宋中興四將傳》四卷，明鈔本。

分類補注李太白集三十卷　十二册

明寶善堂刊本

一函。《詩集》標「舂陵楊齊賢子見集注，章貢蕭士贇粹可補注，吴會後學郭雲鵬校刻」；《文集》則標「郭雲鵬編次」，不列齊賢、士贇名，以《文集》無兩家注也。前有唐寶應元年宣州當塗縣令李陽冰序、宋咸平元年朝散大夫尚書職方員外郎直史館上柱國樂史序、常山宋敏求、南豐曾鞏後序、唐翰林李君碣記題、尚書膳部員外郎劉全白撰、朝議郎行當塗縣令顧遊、秦建。《天禄琳琅前編》亦載此本，以郭氏不自爲序跋，疑存書估。今按此本於楊、蕭二注加以剪裁，又增入徐禎卿之説，當非書估所能爲。每葉十六行，行大小均十七字，目録後有篆文木記云「嘉靖癸卯春元日寶善堂梓行」。

宋百家詩存二十卷　二十册

曹氏原刊本

嘉善曹庭棟六圃選，有乾隆六年歲次辛酉三月既望自序、弟庭樞後序、例言十則。明清人選宋詩者，惟潘訒叔《宋元詩》、吴孟舉《宋詩鈔》、陳言揚《十五家詩》存詩較多，惟所采互見。曹氏此本，依分選例，各仍其集名，潘、吴乃陳已采者不復重複，僅得十首以下者亦不附入，其集有坊刻行世者亦不選。自賀鑄《慶湖遺老集》至僧斯植《采芝集》止，凡百家。

淮海集四十卷後集六卷長短句三卷　十册

明萬曆戊午高郵刊本

宋高郵秦觀少遊撰，明仁和李之藻振之校。前有萬曆戊午李之藻及太原姚鏞刻書序。其本從嘉靖己亥張綖小字本出，仍載舊序及淮海自序，王介甫、曾子開、蘇子由答書，《陳師道撰淮海居士字序》〔一〕。總目後有「校刻《淮海集》姓氏」一葉。每葉十八行，行廿一字，字數刻工並記中縫下方，字畫清朗。

【校勘記】

〔一〕刻本此序題名作「後山居士陳師道撰淮海居士字序」。

江湖長翁集四十卷　二十册

明萬曆戊午高郵刊本

此明李之藻官高郵時與《淮海集》並刊，款式如一。其序亦題「萬曆戊午」，謂「訪求再歲，乃得前貢士王應元手録本，遂以節嗇餘鏹與真太虚集並壽之梓」。又謂「陳集遭元兵燹，雲孫婦孫避亂姑蘇，獨携斯籍以行，曰『此先世之寶也』。艱關九死，卒傳兹業」。毓修按，唐卿文足以傳，乃既晦於元，而自明以來亦僅有此刻，可寶也。首載嘉定二年三月丁巳渭南伯陸游務觀序，江湖〔一〕長翁自序，元鄉貢進士監察御史翰林待制朝請大夫東平申屠駉撰《宋故淮南夫子陳公墓誌銘》。舊爲查初白藏書，有「初白菴印」朱文長方印，在第一册首葉及第二十册尾葉。

【校勘記】

〔一〕「湖」原稿作「翁」，誤，徑改。

復初齋文集三十六卷　八册

大興翁方綱著，門人侯官李彦章校刻。無刻書序，惟卷尾有光緒丁丑其子以烜修版跋云：「右大興翁覃谿先生《復初齋文集》三十五卷，先大夫編校未竟，身後刊成。今據先生手稾，暨先大夫原校殘帙，重加參改，手稾不存者，則證諸他書」，可見其用力之勤矣。今此本字旁及眉上常有添注之處，以省重刻及札記之煩。宋板書亦有如此者，亦足爲刻書者開一法門。按先生手稾，李氏從武林善本書室丁氏假得，云「三十六巨册」，毓修在滬上見四十册，想從丁氏散出時已經人改訂。其稾按年編次，内缺十餘年，江陰繆筱珊太史鈔出未刻詩文不少，今烏程劉氏所刻《復初齋集外詩文》即從此出，文止四卷，尚未盡也。

王摩詰集十卷　二册

明正德刊本

一函。每葉二十行，行十八字。明正德中翻宋本，所刻唐人集尚不止此。前有王縉進表，代宗批敕。平津館亦鑒藏此本，記云「晁氏《讀書志》、陳氏《書録解題》皆即此十卷之本，陳氏云建昌本與蜀本次序皆不同，大抵蜀刻《唐六十家集》多異於他處本，而此集編次尤無倫」。今本卷一至卷六爲賦與詩，卷七以下爲表、狀、書、序、記、讚、文、碑、墓誌，編次皆有條理，疑從建昌本翻雕。

中吳紀聞六卷　二册

汲古閣刊本

宋崑山龔明之希仲紀，明虞山毛晉子九訂。中縫上下黑線寬半寸，餘四周邊線亦極寬，舊板書中未見，此種款式皆創於毛氏。前載明之自序，題「淳熙元年中和日宣教郎賜緋魚袋致仕龔明之期頤堂書」，據序，明之著此時已九十二歲矣。後有至正二十五年二月武寧盧熊跋、毛晉刻書二跋。卷六「石湖」「丁令威宅」「周朝宗」「蘇之繁雄冠於浙右」「朱光禄」「翟超」「正訛」「叔父記館中語」八條皆有目無文。涵芬樓藏陸敕先校閱本，校正譌字數十處。余本每卷末「虞山毛晉校刊」一行下又多「男扆再校」一行，則初印本中譌字悉已改正。余仍假度陸本以見前輩之勤學。

南唐書三十卷　六册

明顧氏萬玉樓刊本

前載自序兩首，一題「崇寧乙酉春正月陽羨馬令」，一題「馬令撰」。後有嘉靖庚戌秋八月東海姚昭跋，云「顧子汝達家藏元刻舛訛，校讐而梓之，聊備史家一種」。今卷中有避宋諱及提行處，是翻宋刻本。明人刻書，往往諱言所出，亦習氣如此。每葉二十行，行二十字。雕印精絶。《藝風堂藏書記》云「向見友人藏是書，詑爲宋板」，可見是刻之佳。首有「萬玉樓」白文方印，即顧氏所鈐。舊爲山陰李氏藏書，每册有「小李山房圖籍」白文方印、

「山陰柯谿李氏圖籍」白文方印等印記。

畫史不分卷　一册

紅格精鈔本

前有自序。每葉十六行，行廿二字。前人以刻本校過。舊爲太倉顧氏藏書，有「竹泉珍秘圖籍」「謏聞齋」均白文方印二印。

歐陽先生文粹二十卷遺粹十卷　六册

明郭雲鵬刊本

一函。《文粹》宋陳亮選，有乾道■■。前有蘇軾《六一居士文集序》、韓琦《歐陽文忠墓誌銘》、蘇轍《歐陽文忠公神道碑》、《宋史》本傳，及蘇子瞻、王介甫、曾南齋祭文四篇。《遺粹》則明郭雲鵬選，有嘉靖丁未中元日後跋云：「龍川陳先生亮僅拔百三十篇，鵬更取詞根義理事切要務者八十三篇，別彙十卷，竊名『遺粹』。」末又附詩三首，則不知其何意也。每葉廿二行，行廿一字。槧刻甚工。又有「吴郭雲鵬校勘梓行宋儒精神明人拔粹嘉靖丁未中元布刊」。

曝書亭集八十卷葉兒樂府一卷附笛漁小稿十卷　十二册

秀水朱彝尊錫鬯竹垞纂著。曾兩付開雕，未仕以前曰《竹垞詩類文類》，通籍後曰《騰笑集》，晚歸梅會里，乃合前後所作，手自删定，更名《曝書亭集》，有康熙戊子仲春吴江潘耒序、康熙五十有三年歲在閼逢敦牂且月辛未下澣海寧查慎行序，後附經筵講官文淵閣大學士兼吏部尚書加三級澤州陳廷敬撰《皇清敕授徵仕郎日講官起居注翰林院檢討竹垞朱公墓志銘》，王士禎、魏禧、查慎行、曹爾堪、葉舒崇、柯維楨舊序亦仍載卷首。序後有小像，錢塘龔翔麟像贊。是集刻始於康熙[redacted]年己丑，曹通政荔軒實捐貲倡助，工未竣而先生與通政相繼下世。先生之孫稼翁遍走南北，乞諸親故，始得汔工。目録後有「孫男稻孫、桂孫同校，曾孫男振祖賜書覆校」兩行。寫刻精雅，國初大家集，此爲最工。後印本有删改處，此初搨本也。《笛漁小稿》竹垞子昆田作，有華亭高層雲、嘉定張雲章序。

絶妙好詞箋七卷續鈔一卷又續一卷　三册

道光八年錢唐徐氏刊本

弁陽老人周密原輯，宛平查爲仁、錢唐厲鶚同箋。草窻此選流傳極少，惟虞山錢遵王述古堂有之。朱竹垞典試江南，遵王會於白下，竹垞私以黄金翠裘與遵王小史賺得副本，禾中柯孝廉南陔、錢唐高詹事江邨校刊以傳，而樊榭於康熙季年得其刻本，卷首有其題跋及柯煜、高士奇兩序，《絶妙好詞紀事》及乾隆戊辰閏七夕前三日厲鶚序，則箋注■■■也。卷後附余秋室《續鈔》、徐問年《再續鈔》。此即道光八年夏錢塘徐氏鐫本，刻字者杭州愛日軒也。卷首有「謏聞齋」「曾在顧竹泉處」兩印。

南宋雜事詩七卷　二册

原刊本

此編作者七人，卷一沈嘉轍欒城，卷二吴焯尺鳧，卷三陳芝光蔚，卷四符曾幼魯，卷五趙昱功千，卷六厲鶚太鴻，卷七趙信意林。詩各百首，又自注之。前載南書房舊史官查慎行序，九沙萬經序，章藻功序，及白長庚等題詞十二首，凡例八條，引用書目廿二葉。嘉善劉子端手録，武林芹香齋等鐫。

湯注陶詩四卷〔一〕 一册

【校勘記】

〔一〕此條有目無文，似爲待撰書志。

李義山詩集箋注十六卷〔一〕 二册

松桂堂刊本

【校勘記】

〔一〕此條有目無文，似爲待撰書志。

文心雕龍十卷[一] 二册

【校勘記】

[一] 此條有目無文，似爲待撰書志。

心遠堂新編小學纂注六卷 二册

康熙間刊本

梁溪高愈編訂。首載康熙丁丑華泉刻書序，淳熙丁未朱子自序及《纂注凡例》十則，後附《朱子年譜》。依目録，尚附《小學總論》，此本無之。小學書，前人注解非一，《四庫》獨著録明陳恭愍公選注本。紫超爲忠憲公從孫，敦行孝弟，吴德旋■■極稱之。此注糾正恭愍處不少，其門人王元梓邦采刻諸家塾。

欄下注一：所注尚有《儀禮》《周書》二書，未見傳本。

欄下注二：「小李山房圖籍」白文方印。

經義雜記三十卷序録一卷　六册

武進學生臧琳玉林。卷端自序數行題：康熙四十二年孟春識於豐玉堂。前載《刻經義雜記題辭》，題「經筵講官南書房翰林户部左侍郎兼署兵部左侍郎前提督浙江學政阮元撰」，嘉慶三年九月歸安嚴元照後跋。次《經義雜記贈言》、校勘爵里姓氏二葉。贈言及志傳卷爲元孫常州學生臧鏞堂編，附刻卷末。書成於康熙，稿藏四代，不絶如縷，在克成先志，已爲難能，而校刻俱工，每卷仿舊本經史式注，正文若干字，小注若干字。舊爲陳碩甫、譚仲修、戴子高、周星詒藏書。首册有子高印記，又以荷瓣篆「子高藏」三字復鈐名印，亦韵事也。卷末有周星詒手跋：此書爲福州陳碩甫先生藏本，仲修得之以贈子高，子高去邵武留與寅喜，因爲予有焉。乙丑正月癸巳人記。

黄海紀遊〔一〕 一册

【校勘記】

〔一〕此條有目無文，似爲待撰書志。

以上共五十二種 一千三百六十六卷四百十一册

石田稿三卷 三册

明弘治癸亥長洲刊本，無錫孫氏小渌天藏

長洲沈周著，彭禮彦、吴寬、童軒序，靳頣、黄淮後跋。魚尾上雙行題「弘治癸亥集義堂刊」。童序後次以李東陽序，作於正德丙寅，是刻成後增入，故魚尾上不題刊行年歲。吴序後有牌子云：「弘治癸亥歲夏六月嘉定庠生黄淮刊行」。《石田集》明刻不一，此則第一刻也。舊爲同邑安孟公閲本，有「安璿印記」白文方印，在每册首葉，并手跋。

石田翁追趣洽而取名淡，其詩不行家集，不登國選，徒於所做墨戲林巒樹石花鳥蟲魚間見之，或謂詩以畫掩，余獨不然，以必傳之詩附必傳之畫，是詩以畫壽也。康熙二十九年庚午春王潔園孟叟。

美芹録二卷　一册

明萬曆刊本

雲間空叟編。空叟，明潘恭定公恩自號也，有《笠江集》行世。此書述明初大政，傍及瑣事，加以論贊，以勸善懲惡爲主。有嘉靖丁未自序，萬曆丁亥秦嘉楫序。

余忠宣公集六卷　二册

明嘉靖三十三年廬州刊本

前載嘉靖三十三年吉水羅洪先刻書序，□廬州傳記，守雷省吾重刻本也。門人淮西郭奎子章輯，合肥縣學教諭洪大濱重校。

眉注：陳嘉謨後跋。

「孫忠愍／矦祠堂／臧書記」〔一〕。

【校勘記】

〔一〕此爲孫氏過録鈐印，以墨筆篆書摹畫印面。在文末。

舊黑格鈔槎軒集十卷　二册

竹紙青絹面，二册，楠木夾板。中字板，卷後有成化丁酉吴郡張習跋，云：「先生寓江滸時，有吕勉功懋者，實從之學。痛先生死非其辜，矧已抱王裒之戚，乃徙城西之南濠，依族人以居，絶不道詩書，所以謹於保身也。至永樂中，世尚彌文，禮重賢士，始謂人曰『吾高槎軒之徒也』。先贈『贈』字上原空一格承德府君，時年弱冠，即以詩求益。爲改數語甚當，談及先生履歷甚詳，出示先生手藁曰『江館』等集，併其所作傳，洎諸公贊哀祭作，曰『此吾師之蹟也，後生其領之』。先君謹受而藏之篋笥。垂三十年，迨不肖稍有知，得諸質，先君已棄背矣。茲又四十年，併録梓之，不惟不忘乎先德於前輩事師之誠，詎弗少襮哉。」習字企翱，曾刊行《夷白》《僑吴》二集，極精雅。讀此，知又刊行《槎軒集》，而此本卷十末有「婁東莫宗源刊行」一行，似又非據張本傳録。兩刻今俱不傳，惜哉！張本尚有成化■■婁東張泰序，此本未録，今據金檀《青邱詩注》鈔補於卷首。青邱詩藁永樂間刊，十二卷，名《缶鳴集》。景泰中，南州徐庸廣爲十八卷，世稱《大全集》。然庚戌後四年詩，《大全集》未載，獨此本有之。吕勉所録詩藁，有「江館」「槎軒」諸名，此總題「槎軒」，殆張習因《鳧藻集》有《槎軒記》，故以此爲名也。卷一樂府；卷二、三五言古體；卷四七言古體、長短句體；卷六五言律、排律；卷七七言律；卷八五言絶句；卷九、十七言絶句，終以附録，即張習所云「併其所作傳，洎諸公贊哀祭悼衆作」者也。而太子少師姚廣孝《讀高季迪詩集》三首，應入附録者，此書於目録之後，殊不可解。每葉二十行，行二十字。鈔手匀整，紙墨精潔可玩。間有筆誤，前人以朱筆校過。舊爲吴門黄蕘圃藏書，有跋一葉，在卷末。此亦得於長沙王客之手，故有其圖記。

黄蕘圃跋：《槎軒集》余向收諸郡故家，惜首尾多缺，無從補全。頃書友携此册來，幸完好，遂兼蓄之，而手鈔向所缺失者，惟附録下憚煩未鈔，以此爲正本也可。戊辰春三月二十有八日，復翁。

明刊本鹽鐵論十卷　二册

綿紙，青紙面，二册，布套一函。《鹽鐵論》以弘治中涂楨本爲善，明人翻本極多。此本尚是嘉靖以前翻本。古字未改，雕刻俱精，佳刻也。每葉十八行，每行十八字，白口單邊，白魚尾。前有弘治十四年都穆序。曾假瞿氏涂刻比較一過，録其異同如左。

精鈔本滄浪軒集六卷　二册

竹紙，粉箋面，二册。句吴吕彦貞志學著。虞伯生序，稱「其詩與楊仲弘、薩雁門齊名」。今傳本乃僅見杭州丁氏藏鈔本，吴縣姜佐禹爲予用舊紙寫之，楷法精妙。按，彦貞，《明史》附《王行傳》，《錫山遺響》《無錫縣志》皆作名敏，字志學，號無礙居士，少貧爲黄冠，後反服，爲詩取法漢魏，志高心苦，世以「吕山人」稱之。與高啓、徐賁諸名士卜居相近，號「北郭十友」，又稱「十才子」。洪武初，官本縣教諭，邑志「藝文」著録《義寧》《無礙居士》兩集，而無《滄浪軒集》。《錫山遺響》選《寄高季迪題江皋秋霽圖》《再寄高季迪》三首，此皆不載。今《義寧》《無礙》兩集不傳，此本彌足貴矣。虞序題「至正辛巳」，則此尚是在元之作，故《善本書室藏書志》入之元人集部。

紅格精鈔本錫山遺響十卷　二册

竹紙，古色紙面，二册，一柟木夾板。中字板，每葉十一行，每行廿三字。前三卷出馮登府先生手寫，行楷絶工。紅格紙，中縫魚尾下題「重修雲南采訪書」，下方題「天一閣鈔本」。按，此書傳本僅見，惟嘉慶本《天一閣書目》「總集類」載之。此本當是馮氏官鄞縣教諭時，借閣本録副，并借用其紙，亦足爲此書增一掌故也。首有正德庚午季冬朔嘉議大夫都察院右副都御史奉勑巡撫貴州地方兼理軍務前總督漕運邑人邵寶序，弘治乙丑仲夏前進士邑人莫息跋。邵序謂：「《錫山遺響》一編，工部主事莫君善誠之所輯也。先是，邑人翟公厚蓋嘗輯之，君謂其未備也，則與潘繼芳再集如左。凡若干篇。視翟所輯，減十之二，增十之四，而採選精矣。」今《無錫縣志》「藝文」乃著録翟厚，《錫山遺響》又録莫息，

《續錫山遺響》不但未見此書，并未見《容春堂集》矣。入選者一百五十二人，始湛長史，終談敬義，惜成化以後未有嗣響也。

青芝山堂鈔書三種　二册

竹紙，灑金青紙面，襯訂二册。中字板，黑格紙鈔，右方格闌外刻「青芝山堂鈔書」六字，吴郡張位西手鈔本也。爲《明皇十七事》《開元天寶遺事》《金石要例》三種，皆每葉二十行，每行廿二字，白口。《明皇十七事》有其子充之校筆，想見父子劬書之樂。又經黄蕘圃手校並題跋，校語有五葉之多，寫於别紙，裝在卷前。墨筆校《顧氏小説》本，紅筆校《伍氏小説》本，又有王惕甫借觀跋。青芝山堂鈔書最爲蕘翁推重，屢見諸題跋。如《跋桂林風土記》云：「此本郡先輩青芝先生手鈔。卷端鈐『張位西印』，即其姓名也。書法工秀，讀書者之藏書，斯爲善矣。」青芝與蕘圃，相距不遠，其所鈔書，已愛重至此。附録前人手跋：

右青芝山堂鈔書中之《明皇十七事》，以《顧氏小説》證之，即《次柳氏舊聞》也。今據顧本校如前。青芝本每葉二十行，每行二十四字，中多一條，在「肅宗爲太子時」一條後，「興慶宫上潛龍之地」一條前。又最後多一條，據張充之手跋，云：「顧元慶《四十家小説》中本多此條，今補入。」又云：「唐人小説中録十七事止此。其校語注在『安禄山之叛也』一條下。」然就青芝本核之，實不止十七事也。至於顧氏本，或多後一條，未可知。蓋其事本名「次柳氏舊聞」，非「明皇十七事」也，然以予目驗顧■■■■之竟無此一條，未知何故。豈顧■亦有原板、修板之别■有異同耶？■亥六月四日校訖，偶記所見如是。復翁。

越日借得張訒菴藏《伍氏小説》中《明皇十七事》勘之，知此抄本叙次多與伍本同，所云「最後一條據《顧氏小説》增入也」，此非也，蓋即《伍氏小説》本耳。書不可不旁引曲證而得其原委者如此。

紅筆又校《伍氏小説》本以上諸跋尚未刻入《藏書題識》。

此《明皇十七事》一書，予未前見，今從蕘翁處假得青芝山堂鈔本，始讀一過。山堂主人張氏名位脱二「西」字，義門之徒，其子充之猶及與嘉定錢少詹事偕爲諸生，偕肄業紫陽書院。迨少詹事歸田來主院事，仍在試場未脱弟子籍也。父子相從，專力讎書，不及百年，遺帙散盡，身名翳如。雖同里聞如予有不能追紀其行事。歐公所謂「勤一世以盡心於文字間者」，不亦悲乎！嘉慶乙亥夏六月惕甫。

舊精鈔本南宋野史五種　一册

竹紙，古色紙面，一册，一夾板。中字板，録《青溪弄兵録》《建炎維揚遺録》《采石瓜州斃亮記》，並附録《中興禦侮録》《襄陽守城録》，凡五種。《中興禦侮録》分上、下卷，餘皆不分卷。每葉二十行，每行二十字。中縫上方記書名，中記葉數。行楷精妙，紙墨俱古。書唇用隸體寫，極有致。至今未重付裝也，恐損其字迹也。此從嘉禾士人朱君買得，《青溪弄兵録》以讀畫齋本校，《瓜州斃亮記》以吴枚菴抄本校，皆朱君手筆。

明五雲溪館活字本玉臺新詠十卷　四册

皮紙，粉箋面，四册。中字板。卷首皆題「玉臺新詠」，惟徐孝穆序與永嘉陳玉父後跋題「玉臺新詠集」。每半葉十行，每行十九字。卷一之五，魚尾上均雙行題「五雲溪館活字」。總目分列每卷之前。五雲溪館無考，觀其字體，當在正、嘉間，所印尚有《襄陽耆舊傳》，亦活字本，見《愛日精廬藏書志》。《玉臺新詠》，收藏家皆推趙寒山繙宋小字本，此本字句與趙氏本有異同。

道光本嚴先生通鑑補正略三卷 二册

竹紙，古色紙面，二册。中字板，道光戊子刊本。每卷首題「嚴永思先生通鑑補正略」，隔三字題「校著吴勉學本」。次行頂格題「某卷」，隔十一字題「陽城張敦仁彙鈔」。卷末均有牌子，云「獨抱廬從古餘先生槀本上版」。每葉二十二行，每行二十之二十二字不等。通體行書，書法既工，而梓人刀法亦能傳之。寫刻俱佳，故能精妙若此。道光甲申張氏手書序言，謂「嚴永思先生《通鑑補正》者，取先生《鑑補》中補正《通鑑》原文者而彙録之也。先生《通鑑補》一書，卷帙繁鉅，鐫刻之事，則深望於後人。嘉慶乙亥，余在南昌，從阮芸臺中丞處寫得一部。兹因顧澗濱之言，先舉先生書中所爲改正、移置、存疑、備考、補注等各條，彙而録之，付諸剞劂」云云。序後從《潛研堂文集》録嚴先生傳，知嚴先生衍，字永思，嘉定人。明萬曆中補諸生，年四十有一，讀司馬温公《資治通鑑》而好之，晨夕探索，至忘寢食，爲補温公之未備，正胡注之譌舛，皆確乎不可易。《補正略》既有此刊，全書亦經武進盛氏以活字印行，先生之志，亦克成於身後矣。舊爲鄭大鶴藏書，卷末題「光緒十三年歲在丁亥鐵嶺鄭文焯讀過」，書唇亦其手寫。「叔問藏書」朱文方印，在每册首、「文焯私印」白文方印，在每卷末、「書帶草堂校勘記」朱文長方印，在下册卷末。

王西莊批本海叟詩集四卷附集外詩附録 二册

竹紙，古色紙面，二册。中字板。康熙壬寅上海曹炳精刻本，有刻書序。中縫下方有「城書室」三字，曹氏齋名也。《集外詩》及《附録》皆曹氏所輯録。書經王西莊先生閲過，朱墨爛然，想見前輩讀書之勤。

附録王氏手跋：詩至南宋之末而盡矣，已無復有詩矣。元人欲趨唐調而未能也，其去古最遠者，尤在五言古風一體。觀海叟於此體何其平易踈淡，樸實簡老也。爲之甚不難，而自是可傳者何哉？當舉世不爲此體之後而獨爲之，故是重耳。須是細心静氣讀之，若腸肥腦滿者，何由識得其中趣味。庚子七月，病中不能讀書，因看此。王鳴盛記。

「王鳴盛印」「西莊居士」均白文方印，在每册首。

國史經籍志補

宋賓王、謝浦泰稿本也。卷端賓王題云：「雍正元年夏，從金星軺借鈔焦先生《國史經籍志》訖，適錢子桂西見遺《菉竹堂》《絳雲樓書目》兩種，檢閲之項，多焦志所無，因啓增補之思。翻案頭諸家藏目，以玉峰健菴先生傳是樓本爲首，取焦志之所無者而增廣之。互相校勘，訂正卷册。其次補諸家目，雖互有焦氏所無，然同於徐本者，則不録也。此蓋補焦氏所未逮，非會粹諸家藏書目」云。按，所撰《傳是樓書目》外，更有《讀書敏求記》，而《菉竹堂》《絳雲樓》兩目，則未之及，尚是未定藁也。所記目覩書，則詳其板本行款，不同焦氏之鈔撮傳會。今所行《傳是樓書目》多闕别集，此本於别集類皆屬闕如，廑據顧俠君《元詩選》補元人集。明初人集，則以目覩者補之，漢魏唐宋明季人集，爲謝浦泰所補。是賓王所見《傳是樓目》亦非足本。謝氏名星纏，太倉人。《州志》有傳。所見兩人抄本必互相校跋，想見乞求聲應之樂。第八葉有楊晉私子鶴父印二方，楊氏爲乾隆間畫家，有名，乃亦喜藏書。又有夾籤云「乾隆丁卯歲十月朔後十日爲余生日」，則不能定其爲何人手筆矣。

明天順黑口本蘇詩摘律六卷　二册

題「長垣縣知縣無錫劉弘集注」。首有天順五年自序，略謂「東坡詩乃龜齡王先生纂集，一以所詠之題分類，故五七言絶句、律詩，與古選長短歌詞雜收而並載。後學者於其長篇不能成誦，并其絶律，束之高閣。公退之暇，摘取若干首，類抄諸儒句解於其下，間亦妄補一一，皆圈以自别，得貽諸家塾，以便自觀。時進士邑人王璽大用教諭吉水曾進迪常見而悦之，遂相與僦工鐫刻以傳」。《四庫》附存其目，而云「不詳其時代」，蓋未見此序也。惟中縫題「蘇詩前序」，則尚有後序，此本亦失之。按《錫山遺響》，劉弘字超遠，號梅堂，正統甲子貢士，累官東平州知州，所選止七律而無五律，《四庫附存目》及《傳是樓書目》亦作六卷，當是原書如此。蘇詩頂格，注低五字，字跡略小，每葉二十行，每行二十字，上下小黑口，款式古雅，摹□亦精。

滂喜齋藏書記三卷 二册

此吴縣潘文勤公祖恩藏書，前後無序跋。據繆藝風言，編纂出長洲葉學使昌熾之手，比《鐵琴銅劍樓藏書志》更爲簡明。又參《天禄琳琅》體例，詳記收藏印記。宣統間曾以録木，仲午比部恐傳於外，毁板不印，故頗不易得。藝風假得紅様本，付清史館中書手分段録之，一夕而成。蓋如竹垞賺《讀書敏求記》故事。藝風以朱筆校正譌字，十月造談，出此見示。藝風知予好聚簿録之書，即舉以見贈。

謏聞齋鈔本尚書疏義六卷 二册

元金華馬道貫著。前有自序，《四庫》未録，《經義考》云「未見」。惟《千頃堂書目》載之，云：「道貫，字德珍，東陽人。師事許謙。自號一得叟。」按自序云■■■■■，則許謙是壻而非師，黄氏蓋未見此序也。

明雕蟲館本元曲選十集　二十一册

竹紙，青絹面。

二十一册四函。萬曆中吴興臧晋叔選。自序云：「余家藏雜劇多秘本，頃過黄，從劉延伯借得二百種，云録之御戲監，與今坊本不同。因爲參伍校訂，摘其佳者若干，以甲乙釐成十集。」是知元曲至明季尚多，今皆散失不傳，獨賴此書以存。此初印本，首册有圖，極精。刻畫俱出名手，天台陶九成、燕南芝菴、高安周挺齋、吴興趙子昂、柯丹丘、涵虚子及臧氏論曲語，亦在首册。《曲選》分裝廿册，尚是明人原裝。此得自江陰繆氏，《藝風堂藏書志》著録。

舊鈔校本後村居士大全集一百九十六卷〔一〕　三十二册

每葉十八行，行二十二字。抄手極精。《後村集》，《四庫》著録本僅五十卷，天一閣有足本，嘉道間虞山張月霄託何夢華從閣中鈔得，即此本也。自張氏散出後，迭經劉澮齋、傅節子、繆藝風、朱古謀諸老校補譌脱，其未盡者，毓修又借本手校，《後村大全集》當以此爲至佳之本。

《劉後村先生大全集》一百九十六卷，從天一閣舊鈔本影寫傳録。宋劉克莊撰。有前、後、續、新四集，二百卷見墓誌銘。此其合編之本也。案《隱居通議》曰，「後村卒，其家盡薈萃其生平所著、别刊少本爲《大全集》」。則是書即出後村之家。宋時曾有刊板，天一閣本蓋從之傳録者。凡詩文，詩話，内、外制，長短句合一百九十三卷。其百九十四卷之一百九十六卷則狀洪天錫撰、墓誌銘林希逸撰、謚議同上，各一卷也。諸家書目止有林秀發編五十卷本，此本則絶無著録者。惟《文淵閣書目》有《劉後村詩》二部，俱五十卷，殘闕卷帙繁重，或即是書。盧氏抱經文弨《林本〈後村集〉跋》云：「《後村集》有一百九十六卷，求之數年卒不見。」又云：「石門吴氏《後村詩鈔》亦無出此集之外者。」豈其全者，非獨余不見，即前輩亦未之見耶，則是書之罕覯久矣，如書城之鉅觀、藝林之鴻室哉。道光元年三月琴川張月霄識於愛日精廬。「張印月霄」朱文方、「愛日精廬藏書」朱文大方。

同治辛未中秋日，以夷錢五十五圓購之福州陳氏，沈君雲階携來汀州，讀一過。張氏藏書志著録即此本也。越日題記，祥符周星詒季貺書於丞齋。「星詒」朱文方。

《後村先生大全集》一百九十六卷，張月霄傳録天一閣本，祥符周氏書鈔閣珍藏，星詒秘笈。「星詒印信」白方，首。

莆陽劉澹齋上舍爲後村二十二世孫，搜輯先世饌著不遺餘力，嘗因修葺祖塋，得後村所作《林孺人墓誌》，余爲審定年月，校補闕文，文載魏稼孫大尹《萃編補石》。澹齋所藏先集乃五十卷本，每以未見此書爲憾。曩歲浼余作緣，從季貺太守借鈔，澹齋録副既竣，復以家乘所載兩序增入簡端，並據五十卷本補正脫文誤字甚多夥，卷中朱筆皆是也。頃因澹齋寄完，復得寓目，惜其舊裝零落，亟命侍史重装以歸之。光緒辛巳嘉平八日節子記。「傳」朱方、「節子題跋」白文，在首册。

此書爲虞山張氏愛日精廬故物，即著録藏書志者。舊藏之山陳氏，今歸吾友周季貺太守。丙子冬日，借讀一過，因記。「節子題識」朱長，首。

右長短句五卷，往年藝風前輩録副見詒，方謀校投梓人，適吴伯宛得劉燕庭藏抄本補正譌脱六十許字。前輩厚寄卷中夏閏枝同年藏《後村集》六十卷殘本目録，後有《朝中措》四首，惜無從補録也。壬子三月晦日祖謀識〔二〕。

光緒庚辰孟秋二十二世孫尚文恭校一過。「澹齋」朱文方印。

「青山白雲閣」朱文長。

「帶經堂陳氏藏書記」朱文長方、「臣印徵芝」白文大方、「壬戌進士」朱文大方。

「茂苑香生蔣鳳藻東漢十印齋祕篋圖書」朱文大方。

「藝風堂藏書」朱文方。以上均在首册。

「節子讀過」白文方，每册末葉。

烏程劉翰怡藏宋本《後村居士集》，向之借校，則非《大全集》，蓋林秀發所編五十卷本也。首有淳祐九年■■序，次以目録二卷，後題「迪功郎新差昭州司法參軍林秀發編次」。一至十六詩，十七至十八詩話，十九至二十詩餘，二十一至二十二記，二十三至二十四序，二十五至二十八啓，二十九樂語、上梁文等，三十疏、青詞，三十一至三十二題跋，三十三至三十五祭文、哀詞，三十六祝文，三十七至三十九墓誌銘，闕四十至五十，凡十一卷，目録亦爲書估割去，致不可考。每半葉十行，每行二十一字，上下小黑口。寫刻俱精，宋槧之致佳者。宋諱「敦」「完」等字，偶有闕筆者，遇「犬」「羊」「胡虜」字樣盡劃去，蓋元時摹印本也。舊爲梁蕉林李伯雨藏書，又有顧千里經眼小印。

眉注一：一之四十八詩，四十九賦，五十油幕箋奏，五十一奏議，五十二内制，五十三之五十九内制，六十之七十五外制，七十六之七十八奉申狀，七十九廣鹽江臯二司申奏狀，八十之八十一掖垣檄駁，八十二三玉牒初草，八十四商書講義，八十五《論語》《周禮》講義，八十六七進故事，八十八之九十三記，九十四之九十八序，九十九百十一題跋、補校，百十二字説、雜記附，百十三之十五表牋，百十六廿四啓，百廿五之廿六雜启，百廿七上梁文、樂語四友除授制附，百廿八書，百卅五祝文，百卅六四十祭文，百四十一四十七神道碑，百四十八六十五墓誌銘，百六十六七十行狀，百七十一疏，百七十二青詞，百七十三四詩話前集，百七十五又續集，百七十六又後集，百七十七八十又續集，百八十一八十六又新集，百八十七九十一長短句朱跋，百九十二三書判，百九十四之九十六附録。

眉注二：《後村先生大全集》一百九十六卷，長短句五卷，天一閣舊抄本，張月霄所傳録者，海内罕見。諸家書目止有林秀發所編《後村集》五十卷，長短句二卷。鮑渌飲得二卷，藍格明抄本，以爲勝於毛刻一卷本。今校此本，無篇出此本外者，惟《踏莎行》有《甲午重九牛山作》，此本脱一題；《賀新郎·賀陳真州子華》作「送■[三]倉部知真州」，略有異同耳。訛字脱字互有補苴。

【校勘記】

〔一〕孫氏所藏原書有其妻顧希昭跋，由沈燮元先生影印供稿，原文如下：先夫梁溪孫氏，小渌天主人也，名毓修，字星如，别號留菴。愛書如命，費三十年之心，苦積古書數萬卷，皆善本而世所罕有者。且又善於班本之學，工餘之假，又校書之終夜。常云：某書於某藏書家藏過、某某大人物校過。余耳熟焉，故能記也。此劉後村先生之《大全集》，彼平生所喜之書，尤其寶貴，且照宋本皆親筆校過，所以余知此書雖是舊鈔本，實有一無二之好書也。民國戊辰仲秋月朔日，孫顧希昭跋於上海寓樓。

〔二〕此處地脚小注：百九十一。

〔三〕按《後村長短句校記》，「■」應作「陳」。

養一齋文集二十卷〔一〕

【校勘記】

〔一〕此條有目無文，似爲待撰書志。

笠澤叢書　二册

顧千里校本

東山草堂翻刻碧筠草堂本，顧千里初校用朱筆，後校用墨筆。朱筆據洪□齋家舊抄本，並鈎勒行款，其本即池北書庫中之「江右本」。墨筆據《文苑英華》《唐文粹》校。初校題「道光丙戌二月寓揚城客館，時年六十有一」，墨筆題「道光戊子七月」。晚年校書尚如此精細，前輩精力殊不可及也。舊爲上海宜稼堂藏。卷首有「郁印松年」白文方印、「泰峰」

白文方印二印。

顧氏手跋：此刻非但譌脱累累，抑且偏旁點畫尤不足觀。聞近日有重刻者許槤，海鹽人，但恐亦未必佳耳。思適居士漫記。丙戌。

今年□到縣，然不幸多言而中也。又記。戊子。

《笠澤叢書》，宋槧本上下二卷，補遺一卷。錢遵王猶及見之，而今無有也。其甲乙丙丁四卷，近世吴門、邗上各有刻本，大致相同，均多舛誤。唯池北書庫傳黄俞邰得自江右者爲善，惜鈔本僅存，流通不廣耳。毛斧季家本於末增續補遺四賦及王益祥、陸德原二跋，遵王謂之元槧本，是矣。别有七卷本，前四卷雜著，後三卷詩，與天隨子自序言「不類不次，混而載之」者不合，必後人所編。馬端臨《經籍考》已云「七卷補遺一卷」，則出南宋時矣。予嘗見何心友用馬寒中所藏弘正時人鈔手校本補遺爲二卷，蓋後一卷又元以來重添也，字句頗爲碩異。今悉依江右本爲正，而以毛增者附焉，又依近刻增樊開序。

留菴讀書記

復齋日記二卷

明藍格抄本

首載自序，清默道人校。有吴璪印、「家住江南楊柳村」印。爲明人許浩所撰，皆當時朝政，間及前代別録。然於正統景泰之間攝政復辟之事，言之獨詳。大約與葉文莊《水東日記》諸書相爲表裏，皆傳述一時耳聞而筆諸簡牘，以爲後野史之助考也。惜抄手陋劣，掛漏錯誤一葉七八，□經霉爛遺缺，苦不可讀。

虞淵沉

梅村手藁

「平江黄氏圖書」「錢曾之印」「遵王」「塔影園客」，在第十九頁。

曝書亭跋云：

梅村於順治壬辰未出山時館嘉興，蒐輯是編，原名《康熙紀聞》，後改今名。分一十有五卷。吾鄉鄒氏刻本止十二卷而已。後昭文張氏留心蒐訪，假得婁東蕭子山藏司成手稿三卷，則正鄒刻所遺之三卷也。子山夫人爲司徒女曾孫，因得其遺書。尾頁原缺，又經許氏借抄補入，但今張氏刻本分《虞淵沉》爲上中下三編，而上中兩編則皆記取明末天道災變、地道災變、人道災異，是之與題不合。

此本字畫古雅，遇「常」皆作「嘗」，惟自「上焦勞天下」起至「亦許都之屬也」止是爲張本之下編，悉與張本同。而張本之《湖南高猺源紫猺源牛寨猴寨天王寺諸賊》一節，則抄本所無。卷末又完好，非如若云所謂尾葉元缺者也。

靈棋經殘本

明本

存下卷，半葉十行，行廿或十九字。「純陰鏝」以下皆黄氏手抄補，又補刻劉基後序一篇，此序今新昌莊氏刊本所無。黄氏手跋云：

《靈棋經》世多抄本，去年偶過胥門經義齋書坊，見有刻本，破爛闕失，又經俗工裝潢，遂向主人索得，重爲裝池。前後缺葉用孫本及經義齋别本補入。原書抄補本不工整，故予亦隨手鈔補，潦草之至，因此刻當是成化己丑本，故珍之。孫本出成化丁亥，較此當前三年。然已爲弘治壬子翻刻，而又從翻本傳録者，故仍以此爲舊本也。經義别本不過尋常鈔本，無所稽考，而李跋外反有之用茲所補者，即據是本云。乙丑六月廿四日蕘翁揮汗書。

眉注一：士禮居藏裝。

眉注二：《靈棋經》，成化己丑毛贊刻本下册。

唐石經考異

未刊孤本，校抄本

書衣題「門弟子袁廷檮鈔」。顧氏手題云：「嘉慶辛丑元和顧廣圻借録■部訖，時寓西湖孤山之蘇公祠中。」

此書先由臧庸堂手校夾籤，其中顧千里復申鈢而駁臧於詩類最多。《御删定月令》則録全文〔一〕。書衣端楷題「唐石經考異」一行在左上、「門弟子袁廷檮録」一行在右下，皆又愷手跡。又顧千里手跋云：嘉慶辛丑之秋，顧廣圻借録○部訖，時寓西湖孤山之蘇公祠中。全書皆又愷端楷鈔録，倒底未嘗有一譌奪，惟儀十二重一「於」字。緑格子，有「貞節堂袁氏鈔」一行。半葉十行，行大小均廿一字。不題名，前後亦無竹汀序跋。不分卷。凡《周易》六十四則爲一卷、《尚書》五十三則一卷，鈢臣云《尚書》第十三卷第四第五第十一字盡似經重刊、《毛詩》九十則一卷、《周禮》八十二則一卷、《儀禮》二百九十三則一卷、《禮記》二百十二則一卷、《春秋》三百九十二則、《公羊》六十八則一卷、《穀梁》一百六則一卷、《爾雅》七十三則一卷，末附《御删定月令》，共一百八頁。先經臧氏校閲，于《詩》最勤，夾籤其中，凡五十條。顧氏又斥臧氏爲庸妄，有以朱筆批於夾籤者，有以墨筆批在卷上者。瞿木夫又補鈢氏所未及者數條，亦用夾籤。

眉注一：袁氏舊居金昌亭畔，予嘗訪，則遺址。其地四面洞達，迴出埃壒，靈巖、天平之紫翠，望之如何□也。支硎、法螺之鍾磬，招之若相答也，想見當年文史萬卷，文涵風流之概。

眉注二：○字蝕，當是「詩」字。

眉注三：「儀二」，此卷後梁重刻。

眉注四：《穀梁》十二卷，内《僖》《成》《襄》三卷字蹟俱似補刻，而《成》《襄》尤劣，《成公》篇間有避梁諱者，《襄公》篇無不避矣。

眉注五：瞿校皆有「中溶案」三字。

【校勘記】

〔一〕此句孫氏原稿中以墨筆圈起，疑擬删。

元刊資治通鑑附釋文辨誤

半葉十行，行大二十字，小二十一或二十字。即胡果泉所得之興文署本也。板心上記字數，下記刻工姓名。胡本一一仿之，可謂畢肖。惟黑邊不若原本之粗，而字體似嘉靖間刊本。此書有嘉靖二十年補版本，迥不如原書之圓健矣。

眉注：已樵。

元刊隋書

半葉九行，行廿字。上記字數，下記刻工姓名。題「監修國史趙國公長孫無忌等撰」。板心高七寸三分，横六寸八分。

眉注一：已樵。

眉注二：元刊南史十行廿二字儀顧。

眉注三：字作趙體。

眉注四：《經眼録》云：鷺洲書院《漢書》半葉八行，行正文十六字，注文雙行二十一字。每卷末皆記二行，云右將監本、杭本及三劉宋祁諸本參校，其有同異，並附于古注之下，又有正文若干字、注文若干字，一字或二行，在卷題後，始刊于南宋末，畢工于元至正間，其卷末記甲子可考定，較景祐本尤□目。鷺洲乃吉安府城東贛江中長數里之白橋。

隋[一]書殘本

存卷三十二經籍一至儀禮。字畫通似宋刊，半葉十行，行廿二字。刻工姓名上下不定，或皆有，字數則皆記上。高八寸七分□横六寸六分。

【校勘記】

〔一〕「隋」，孫氏原稿作「隨」，徑改。

元本通典殘本

存卷七十八至卷八十。半葉十五行，行大廿三字，小卅七字。「敬」「桓」皆避，當是元翻宋本。上記字數，下記刻工姓名，卷數在册數之下。長九寸一分，横六寸三分□。

宋本吴郡志五十卷

「汪士鍾藏」白文長印。行款序目銜名悉與瞿氏志載者同。高九寸，寬六寸六分。版心魚尾下題某卷，末記刻工名。

後村居士集

南宋本

「汪印士鍾」「閬源真賞」。《後村居士集》五十卷本，絶少著録，惟《文淵閣書目》有《劉後村詩》二部，俱五十册，疑即是書。卷後間題「門人迪功郎新差昭州司法參軍林秀發編次」。每葉二十行，行二十一字，與《儀顧堂續跋》「宋槧本後村居士集」同。陸氏記卷一至十六皆淳熙庚戌臘月以前所作，卷十七、八詩話，卷十九、二十詩餘，卷二十一以後皆文，與此本亦相合。不知何人妄以朱筆改二十爲五十以下均改，未知是何用意也。藝芸書舍《宋元書目》有「劉後村集六十卷」，當即此本，而誤五爲六耳。

眉注一：高七寸半，寬五寸二分半。

眉注二：楹書本與此同，惟不言有「林秀發」一行。

人物志

明刊

「汪魚亭藏書」。上、中、下三卷，題「魏散騎常侍劉邵撰，涼儒林祭酒劉昞注」。有劉邵、阮逸二叙。明隆慶六年刊本後有文寬夫題劉邵傳，宋庠記，王三省、鄭旻二跋。半葉八行，行十六字。

高太史大全集

題「吴郡高啓季迪著，南州徐庸用理編」。洪武刊本。半葉十行，行廿字。紙墨皆可愛。前有長山病叟胡翰序，金華王禕序，吴郡謝徽序皆序《缶鳴集》也。

二妙集

鈔本

「結一廬藏書」「知不足齋印」。又有校正本。共八卷，一至七爲《遯菴先生集》，八爲《菊軒先生集》。前有臨川吴澂序，虞集《河東段氏世德碑銘》。後有别嗣輔跋、成化辛丑中州賈定跋，敘刻此之緣起。

眉注：復廬贅婣滬上所得。

在軒集

南宋黄公紹著。「南昌彭氏」「知聖道齋藏書」「遇讀者善」「結一廬藏書印」。題「黄公紹字直翁」。中多佛氏之文。鈔極精善。

眉注：《四庫》云一卷，此却不分。

孫可之集十卷

「大易」「結一廬」「復廬贅媚滬上所得」。明正德刊本。每卷總目在文前。有王鏊序，謂「得内閣秘本繕寫刊行」。半葉十二行，行廿一字。有孫樵自序。末有白水王諤識。

爾雅注疏

元刊明補正德十二年

半葉九行，行大十七，小廿字。

玉笈金厢

抄本，四册

「錢希言印」。依部摘字，主引訓詁而不主事實。大約乾嘉時人手稿也。卷首有題云

「同文采獲」。板心有「月駕園」三字。

近思録

金俊明〔一〕校本

「志在春秋印」「長洲□鎮別字夏菴印」「張雋之印」「一字文通印」「金印俊明孝章印」「金侃之印」。朱墨爛然，端楷極工。卷十三及十四上半皆金氏手鈔補。卷首別頁姚氏跋云：

金俊明〔二〕字孝章，初名衮，字九章，號耿菴，又號不寐道人。吴興人。兵後棄諸生，傭書自給。工詩能書，長于畫梅。私謚貞孝先生。有《春草閑房書籍》。子侃，字亦陶，詩畫世其學，亦陋居不仕。仁和姚□人誌韵秋印。

【校勘記】

〔一〕「明」，孫氏原稿作「民」，誤，今據通行本目録徑改。

〔二〕同上。

野趣有聲畫二卷

校鈔本

「丹鉛精舍」「勞權」「平甫」「□菴」「西吳費日知曉樓之印」。鮑氏知不足齋藏書，有「世守陳編之家」「老屋三間賜書萬卷」等印。葉二十行，行二十一字，影鈔明嘉靖汪玄錫刊本也後有汪跋。首有咸淳題咸淳六四一，不知其解也吳龍翰、至元盧摯兩序。勞平甫精校。勞氏手跋云在卷末：「咸豐丁巳十二月十三日鐙下校，十四日薄暮校竟。丹鉛精舍記。廿一日立春深校羿卿記。」又云：「戊子季冬知白亭刊本再校于雙聲閣。」共八十八頁。

湰水集

抄本

二十卷，四册，存一至八。「姚韵秋鑑賞章」。葉十八行，行十八字。有元光二年楊雲翼序，李清序。

寧極齋藁

抄校

不分卷，二册。五十八頁。「姚韵秋鑑賞章」「學古入官」「純士宋天錫印章」「家在壇西第一橋」「勞權」。

墨莊漫録殘本

明刊本

「勞格」「惜陰舊書屋」。存一之七。葉十八行，行廿字。勞平甫據述古堂本原注十二行廿四字、高瑞甫本十行廿字勘過。

蒼潤軒碑跋

校鈔本

「錫曾校讀」。原有朱筆校語，魏稼孫又以墨筆校并校云：

憶丙寅春得是書舊鈔本于吴門，即借丁千家樓此本點校數葉。既入閩，復借祥符周氏瑞瓜堂所得舊本，參互校之。人事□〔一〕輟，逡巡至今。去歲將録副寄子，與凌君答三本皆多訛奪，無可適從。輒發篋屏他務十日，逐字互校一過，時正周歷海濱，無書〔二〕可辨明疑字。臘尾來會城，始據他書稍加訂正，覓友寫出二本。一寄凌君，一以自存。因將此本寄還插架。塗抹草草，罪過罪過。或見此書于漢唐著名之碑，無所發明。宋元各種則頗有。近時不經見，及前人跋尾所及者，足資采擇。明時著録金石之書，名《菉竹碑目寒山時地考》，已收入叢書。是書皆手跋所見之碑，視上二書更爲親切，惜未有墨之于版者，并書此以俟。光緒己卯七月十一日魏錫曾記。計去杭十四年矣。

【校勘記】

〔一〕此處清抄《蒼潤軒碑跋紀》作「作」字。

〔二〕「無書」，孫氏原稿作「筆畫」，係抄誤，徑改。

唐僧弘秀集十卷

明刊，棉紙印

「胡印寧仲」。有竹垞跋，僞甚。葉二十行，行廿一字。

方輿備考十二卷

抄本

題「古瞜黄門三益齋主人丘理祝九烈甫編輯」。

皇朝宰輔編年録二十卷

明抄本

缺十一，十二，十七、八。「誦抑齋」。題「太常博士徐自明編集」。遇宋皇顒國家等字皆空行，當依宋本抄也。自太祖至寧宗止，蓋宋末人所撰。原缺十一、十二徽宗顒。

眉注：永嘉人。

新雕注疏珞琭子三命消息賦目録

北宋刊

三十三頁，加黄跋二頁，帖裝。「傳是士禮子吉鑒藏」「陸氏」「廖見亭讀過」。題「宜春李仝注，東方明疏」。又墨筆題「王喬子晉撰」一行，眉欄上多有題字，似出一人手筆。半葉十二行，大十九或二十字，小廿九字。《新雕李燕陰陽三命》三卷即附在《珞琭子》後，半葉十四行，行三十四字。

眉注一：嘉祐四年李仝。神宗三十六年刊本也。

眉注二：「吴郡唐寅子畏桃花塢學圃堂藏書」一行在目録前。「吴郡唐寅子畏甫藏」一行在第二十九頁後，篆書。

唐鈔卷子本文選

六臣注本。今本文選本卷而唐寫本史論乃□四十九卷，蓋倍之也〔一〕。此卷存《晉紀總論》《後漢書皇后紀論》二首，俗字甚多。「干寶」皆作「于寶」，「芊」作「芋」。從「手」旁者皆從「木」。添入字于應添之上作朱○。乙去者于字上作朱點，或于字旁作墨、、。《晉紀總論》中異字：江湘江湖、如拾遺芥無芥字、其勢常也無也字、載錫之光下有也字、功烈列、又加之以加之二字乙去、懷帝承亂之後無之後二字、將由人能弘道由作曰。

【校勘記】

〔一〕此句孫氏原稿中以墨筆記號「」圈起。

南宋建安本史記

存卷一至■。

應樵史記索隱序題款首尾各一，九行二十五

史記正義序題款首尾各一

史記集解序題款首尾各一

補史記序題款又

史記目録題款首一頁尾二頁

三皇本紀題款首尾

史記正義論例謚法解首尾

五帝本紀首一尾二

第四卷是時諸侯不期而會盟津者八百諸侯二字當衍

半葉十行，行大十八字，小廿三字也。外仍題小題，王氏翻本則已去之矣。序目上紀字數，他處則否。中縫或題「史」，或題「史記」。魚尾向背大小每葉不同。墨色之精，有如寫本。

眉注一：序目每葉魚尾上皆記字數。

眉注二：殿本史記第十三年表第一宋本一行高一字題年表，二行低一字題第一卷，下題史記，一行更低一字題三代事表，餘皆同。八書亦然。

眉注三：殿本史記九十六，附群賢傳，宋本無附字。任安亦無附字。宋百二十一卷只有衛青，百二十三只有大宛。卷百二十六東方朔無附字。總目在《太史公自序》後，今本在首頁。

環流堂重定惢泉詩漸

板心有「鮚埼亭珍藏全氏手抄」，惢泉文恒自序賦亦在文集中。

眉注：收藏有「芷芬李沅之印」，四明礠街李氏。

增刊校正王狀元集注分類東坡先生詩

「狀元王公十朋龜齡纂集」。黑口，十二行廿一字，小廿四字。集注姓氏後有「盧陵■■■■書堂新刊」木記。

唐詩鼓吹

資善大夫中書左丞郝天挺注，九行十七字。

犁眉公集五卷

十二行廿四字。巾箱。

太玄經

晉范望叔明解贊，明郝梁子高校刊。五篇，十行十八字，坿釋文一卷，嘉靖甲申。

眉注：玉鏡。汲古。萬玉堂本。

史記索隱三十卷

汲古閣本

小司馬作《索隱》頗不滿于史公，故別撰《史補》，自表其見十七條，論帝紀者四，世家者七，列傳五。如謂「開始宜述三皇五帝之始祖皆爲諸侯，不當云五帝本紀」；「項羽未踐天子之位，宜降爲世家」；「呂太后宜依班氏分爲二紀」；「正叔振鐸系家宜自爲一篇」；「許邾二國宜補系家」；「陳涉宜降爲列傳」；「張耳吴芮俱懷從□之心，咸享誓河之業，並可得列系家」；「吴濞請與楚元同傳」；「淮南宜與齊悼合篇」；「蕭正留絳五宗三王六篇可并」；「子産叔向合箸在管晏之下，不宜入循吏之篇」；「老子韓非教迹全乖，不宜合傳，老子可與莊尹並列，韓非可與商君爲伍」；「魯連鄒陽屈原賈生不當同列，抽魯連于田單，并屈原於宋玉，等鄒陽于枚乘賈生司馬相如」；「汲鄭不寫在西域之下」；「大宛寫在朝鮮之下」。顧自《三皇本紀》外，未嘗輕改史公之書，則《索隱》與《史記》在當時固爲別行矣。宋時澄江耿直之始附與《史記》同列，而列《三皇本紀》爲首。小司馬他所疑處則不但未改，并其□見亦削而不録。既非龍門之舊，復乖河内之門，自以單行爲是。單行本藏書家皆不見録，此本乃北宋秘省大字本翻刻，雖已爲毛晉所改，然猶愈於合刻本也。自序在第二十八卷之末，補《史記》序及《三皇本紀》在第三十卷之末。

滴露漫録

首有自序，題「萬曆甲午秋日梁溪無名生談脩」，旁題「余所見係殘鈔，自京畿至廣西以下即闕矣」。

存悔齋詩〔一〕

藝芸目元版類。俞貞元抄存悔齋詩，注云朱性甫補頁。

【校勘記】

〔一〕孫氏原稿此處無題名，整理者據内容補。

史記

毛本

《集解》八十卷，《四庫》云毛氏依《史記》篇數，析爲百卅卷，其實宋刻已如此。《索隱》三十卷，毛另行，殿本附入原書中。《三皇本紀》，殿本無，古香本在自序之後。《正義》，王本，毛氏謂欲求《正義》則有王本，實與毛本無異。王本即翻建安本，然則建安本亦《正義》本也。《正義》《索隱》合刻始於淳熙時。

潛溪前後集〔一〕

宋文憲《潛溪前後集》皆刻于元至正間，入明後作《文粹》，爲劉誠意所選定。《續文粹》爲其門人方正學輩所選定，刊于建文三年辛巳。正學與同門劉剛、林靜、樓璉手自繕寫，而刊于浦江鄭氏義門書塾。宋文憲師元黄文獻公。其字畫行款皆精緻。林佶仿之以寫《堯峰文集》。

【校勘記】

〔一〕孫氏原稿此處無題名，整理者據內容補。

日本内閣文庫目録〔一〕

日本内閣文庫目録有二本，一名圖書類别目録漢書門，裝兩巨册，題卷一卷二，其目如下：

○經書○史傳○政書、法律、詔令奏議○兵書
○儒書○諸子○宗教道書○醫書本草○農書
已上卷一
○天文曆數、占緯○地理紀行○詩文
○藝術○類書叢書、目録○字畫
○小説○襍書○西學
已上卷二

此目分類之中，更分字母，以便檢尋，實翔格也，而亦善法也惟此法不能按時代爲次，如《四庫》之有條理，而檢查實爲至便。書在有冠稱者，如「少微通鑑」「杜氏通典」，則目中大字但云「通

鑑」，而旁注云「少微若干卷」。至如「校正五經」「重刊玉海」，則其冠辭，無任重要，竟删之已耳。

内閣書目款式

内閣文庫圖書類别目録卷一

漢書門

經書

○伊爲部

有竹石齋經句説自第一卷至第四卷。清吴瑛撰。清版。

有竹石齋經句説自第一卷至第七卷。清吴瑛撰。清版。

册数	番號
八	八四六五
七	八四六六

觀此目録，知重複之書，亦可兼收有重複至十數部者。

眉注一：日本公立圖書館。

眉注二：内務藏書最精，無目録，外人不能觀。

眉注三：内閣藏書官可去觀。

眉注四：帝國大學藏書學生可觀。
眉注五：大橋圖書館私家所立。

【校勘記】

〔一〕孫氏原稿此處無題名，整理者據内容補。

漢書雜論

宋劉子翬著。舊抄。「樂意軒吴氏藏書」。凡卅條。《四庫》等皆不載。

景齋宋論二卷

明劉定之撰。

元史闡幽

明餘姚許浩撰。浩字復齋，弘治間官桐城儒學訓導。先著《宋史闡幽》二卷，明時崑山有刊本。此書亦有刊本，恐今無有存者矣。此當據舊抄轉寫，殘字甚多。首有桐城錢如京序，末有自序各一首。首附元世系圖，凡五十二則。元史號爲難治，史論之作當推自此始。

眉注：《元史闡幽》一卷，見滄葦目。

宋刊本草衍義二十卷

缺一至五。此書《四庫》未收，諸家簿録亦不見著録。平津館有之，而行款不同，當又是一本。傳是、結一兩家皆有此書，不著解題，同否未可知也。此書紙色如玉，墨色圓潤，實宋版之上，亦惟有慶元間補葉，紙墨較遜，末有跋云：「右《證類本草》，計版一千六百二十有二，歲」月婁更，版字漫漶者十之七八，觀者難之。」鳩工刊補，今復成全書矣。時慶元乙卯秋八」月癸丑識。」〔二〕魚尾上記字數，下記刻工惟每卷首葉，餘略，半葉十一行，行廿一字，目連正文。結銜題「通直郎添差充收買藥材所辨驗藥材寇宗奭編撰」廿字一行。長九寸半，寬七寸一分。補版較大。卷十第一二三葉鈔補。補版跋後空四行，有校刊人銜名四行如下：

儒林郎江西路轉運司主管帳司段杲
奉議郎江南路轉運司幹辦公事賜緋魚袋徐宇
承議郎充江南路轉運司幹辦公事賜緋魚袋曾亨
朝奉郎充江南西路轉運司主■■■■江涔

又隔二行題：「朝奉郎權江南西路轉運判官吴獵」字較前略大。舊爲海寧周松靄藏書，有「周春松靄」「子孫永昌」「梅花書屋」等印印朱皆絶佳。

眉注：京兆文房。

【校勘記】

〔一〕此段内「」係孫氏朱筆標注，疑所過録原書跋文分行處。

豫章羅先生文集

元刊本。南宋羅從彦。《四庫》題《豫章文集》十七卷，而第一卷經解六篇目下注闕字，有録無書，知宋時已逸之矣。年譜一卷，《四庫》所無，前無叙録。年譜第二行題「進士曹道振編次校正」一行。半頁十三行，行廿三字。黑口。高八寸，寬五寸半。卷第一經解闕，卷第二至十集録第九台衡録闕，卷第十一至十二襍著，卷第十三詩，卷第十四至十六附録，卷第十四外集。有「婁東徐氏鑒藏印」「泰峰」「田耕堂藏」。

唐鈔文選

日本金澤文庫舊藏文永年間，即宋咸淳年間金澤實時建，或云實時孫貞顯建，原有一百二十卷，即以今本一卷分爲二卷也。文庫廢，書亦散佚。武藏國金澤稱名寺即其遺址也。明治初猶藏三十餘卷，今廑存十七八卷，皆首尾缺失不全。去年官中知爲國寶，加以保護。按卷中「任冑鈔曰音決」等字，藤原佐世貞觀中爲文章得業生，昌泰元年卒，即唐宣宗至唐季時人，官至右大將著《見在書目》，載《文選鈔》《文選音決》二書，今不傳。今本《管注文選》不取《鈔》《決》二書，此卷引之者，恐係日本補入。然以予所見現存諸卷，「㟁」「民」「基」字均缺筆，可以證其確爲唐鈔而非日本鈔也。今分藏此卷者，東京伯爵松浦原一卷，男爵野村素介一卷，島田翰二卷，大阪小川爲次郎三卷，中國田吴炤四卷，羅振玉一卷，董康一卷，並不詳係第幾卷，其餘未有所聞。頃見第九十六卷，或曰係伯爵田中光顯所曾藏，或云島田翰者，聞董授經考查此卷甚詳，惜未能一扣之也。

四溟文集

趙府冰雪堂刊本，棉紙初印極精。

致堂讀史管見三十卷

此書應有八十卷，《四庫》據明本著録三十卷，今所見本係三朝版，乃亦三十卷，豈宋時别有卅卷本歟？首有嘉定著雍攝提格日南至猶子大壯序，寶祐二年閏六月壬辰渤海劉震孫跋。字仿蘇黄，的是南宋刻也。白口上記字數，下記刻工姓名。半葉十一行，行廿三字。

祝枝山手鈔文章遺事樂府指迷

吴平齋藏。共廿六頁，裝成册頁，行書甚精。末有太原王穉登跋，言爲祝京兆手書。

蘇黄門龍川略志

明紅格鈔本

左迪功郎新授撫州宜黄縣主簿主管學事劉信校正。前有自序，凡四十事，十卷，遇宫廷皆空格，蓋是從宋本影寫。半頁十行，行廿字，板心有「叢書堂」篆文，吴匏庵家藏本也。有「曾藏張蓉鏡家」「蓉鏡」「芙川氏」「虞山張氏」諸印。

周益公集

文瑞樓抄本

黑格紙，十行，廿一字，《四庫》發還書。

眉注：詩中自注甚多。

桯史

瞿目有殘宋本，存卷一至七，半葉十行，行十八字，無自序。此本半頁十行，行十七字，有自序，有補刊補鈔處季滄葦印僞，文淵閣印真。元刊本，亦見瞿目，有雲間陳文明批點。嘉靖有繙本成化間刊本，是繙宋。

朱筆眉注：明印之至。

東萊吕太史文集

瞿目有全本，半葉十行，行廿字。「貞」「桓」「敦」「廓」字减筆，寧宗時刊本也。此本行款同，避諱亦同，有補刊補鈔。

朱筆眉注：羅紋紙印。

太平御覽〔一〕

《太平御覽》明有兩活字本萬曆元黄正色本、萬曆甲戌蘇□周堂本，一刊本浙人倪炳，嘉慶間有三本九年張海鵬本，十一年汪氏活字本，十二年鮑氏本。

【校勘記】

〔一〕孫氏原稿此處無題名，整理者據内容補。

説苑

宋本

卷四《立節篇》多「尾生殺身以成其信」一句。卷六《復恩篇》多「木門子高」一條，「陽虎得罪」條多「非桃李也」四字。廣陽順天府。

錦繡萬花谷

《四庫》著録。前、後、續三集，一百二十卷，止有淳熙四十五年自序，不著名氏。《天一閣書目》作「宋衢人蕭贊元著」未知何據，前集作三十二卷，亦與别本不同。嘉靖丙申十五年錫山秦汴繡石書屋刻本有考證一葉，謂「《文獻通考》止前集四十卷，並續集爲八十卷，考其自序，則又有後集，卷更倍之。近於坊間得宋刻，與所叙同，獨續集一帙，與會通館刻迥異。余參互考訂，以去其重複，白文黑質，以别其標題。閲一歲而梓成，余家尚有别集三十卷，緣抄白無徵，姑有所俟而未敢，同志之士，幸相與共成之」。據秦氏此文，則别集未刊皕宋目無别集，然所見實有之。别集後有福建都轉運使致仕八十四翁東洛張愷跋云：「秦子思宋鋟梓以傳，君大司馬鳳山公仲子，履盈居麗，乃能脱去凡近，遊意文藝繼述之道，於是乎在」云云，下題嘉靖丙申，即思宋刻前三集之年，豈此跋爲前三集而作，而誤訂於别集後耶？是不可解也。己未十二月十六日。

會通館本，半頁十四行每行雙排各夾注，行十七字。巾箱本，高營造尺五寸，寬四寸八分。

遇「國朝」字皆空一格，源出于宋，不但款式與秦刻異，文字亦大異，活字本似合前、後、續三集，會而通之，以成一集者共分四百廿八類。

眉注：自叙而不云有别集。

地脚小注：《提要》云，書成于淳熙，乃下指紹定、端平事。前二四六類，後三二六類，續四七類。

重正校正集注附音資治通鑑外紀四卷

二卷，卌九頁。半頁十三行，行廿四字。眉上標題，左闌外標「某紀」，版心上紀字數。卷首第一行書名，第二行魚尾下題「外紀」二字，空十五格，題「劉恕」二字，第三行低二字題「某帝」，第四行低三字摘録帝紀中文，正書皆節録數句，每一段畢，以〇爲别，悉注出處。比本書止存百分之一，雖元時帖括之書，然亦罕見。前後亦無序跋。此爲高翰生影元版精寫，不下毛鈔。卷末篆書「光緒十九年歲在昭陽大荒落濰縣高氏辨蟫居據元槧本景抄」。「翰生鈔成善本」朱文方印、「翰生藏乙部書」朱文方印、「翰生秘笈」朱文長方印、「高翰生庋藏景元鈔本」朱文方印。因見此書，檢蘇局本《外紀》比校，見卷首莫友芝記云：「《通鑑外紀》，胡氏補注，徵引賅洽，世罕傳本。同治己巳，得鈔本于常熟李君芝綬，鈔手頗劣。然無他本可校，遂付繕栞。已而江山劉君履芬，遍討原書，良多互異，因與元和管君禮昌訂定之，而仇改既多，難字修治，因先出此問世，校本俟異日別刊焉。同治辛未冬江蘇書局記。」

《外紀》目録後有嘉慶辛未吴志忠跋，謂「據顧千里言橅改數處」，則璜川吴氏曾有刊本，余竟未見，又謂陋矣，己未十二月十五日午後記。

眉注：吴氏本已見。

劉夢得文集三十卷外集十卷

董氏借日本藏宋刊本印。日本平安福井以多藏宋元古書聞于彼國，其藏書之所曰「崇蘭館」。安政中罹災，故物蕩然。迄其後嗣，克紹前徽，兩世蒐羅，收貯之富，不減曩日。中有宋槧《劉夢得集》，爲東山建仁寺舊藏，相傳千光國師入宋時所鬻歸。近年寺主僧天章以方外之身，勤勞王事，兼能詞翰，名著士林。明治初退居西嶋妙光寺，因帶此書而去，既爲凶奴所殪，藏書散佚，此書遂歸崇蘭。瞿氏藏殘宋本十二行二十一字，陸氏藏述古鈔本此不知果出自宋否十行二十字，此十行十八字，然則宋時有三刻矣八年十二月十五日午後。

京師學部圖書館藏焦氏易林注　四册

宋刊宋裝，注不著撰人名氏，存三，四，七之十，十三、四，凡八卷。

百將傳十卷　六册

宋張預撰，朝鮮刻本，存二、三、五、七、八、十。

明南雍志歐陽居士集七十卷

分金木水火土各十卷，洪武癸丑刊成，有番陽李均度、陸川卷末二序。

鶴田集上下卷

抄本

建陽蔣易師文撰。至正十七年春文林郎江西等處儒學副使提舉邵武黄鎮序。至正辛丑十月丁亥臨川葛元喆書。

眉注：此爲楊文敏公家藏，徐光□先輩得之于建陽書肆，廑有孝文二卷，尚有十二卷弗存。

潛齋文集十一卷

明末翻成化本

明欛李岳元聲校正。成化廿一年金谿徐竣序缺。

清容居士集五十卷目二卷附録一卷 卌二册

道光二十年，郁氏宜稼堂刊本，附札記。郁氏記云：「《清容居士集》，原本無序文，不知其刻於何年，字體秀整雅潤出一手，亦不知其寫者何人也。明永樂間，此本已殘闕。有王君肆爲釐正之，卷末附謚議及墓誌銘，已是寫本。」又云：「原本每葉二十行，每行十六字，字仿趙文敏體。」今所見本行款字體及寫補闕卷，一一與郁氏所記者同，惟無宜稼堂印記耳，見者皆以爲元版，郁氏以爲永樂版。細審字畫，雖秀潤而少厚重之氣，邵位西云明有寧波府刊本，不言有元本，郁氏之言，誠不欺也。收藏有「卧菴所藏」、「子孫保之」、「休寧朱之赤珍藏圖書」朱記、「賣衣買書志亦迂愛護不異隨侯珠有假不還遭神誅子孫不讀何其累」楷書長方印、「朱卧菴收藏印」朱文長方、「寒士精神」白文方、「朱之赤鑒賞」朱文小長方、「朱印之赤」朱文小方、「蓮子峰樵」白文方諸印記。

眉注一：目抄九葉，廿七八抄，廿九抄，卅七八抄，卅九抄，四十六之五十抄，十一卷抄。

眉注二：白口左右雙邊，下有小黑綫，雙魚尾，上魚尾下「清容居士集」，下魚尾上頁數。高六寸三，寬四寸九。

眉注三：目録抄八頁，卷四十九之附録。

河南穆公集三卷遺事一卷　一册

述古堂抄本

半頁十行，行十八字。卷一詩，二、三文，附遺事一十八則。前無序目。鈔手極舊。末葉有「錢遵王家照宋抄本」一行。取校王蘭泉家抄本，則此本爲勝。詩中間有缺字，想宋本脱壞故爾。惟王本有祖無擇序，竹垞跋云：「穆參軍集，世間行本無是序，余於康熙戊子春，購得洛陽九老祖龍學文集讀之，而見是序，捒出冠之編首，遂稱全璧，竹垞識。」王本第一行書名題穆參軍集卷第一，第二行河南穆修伯長著，范陽祖無擇擇之編。古本但題「穆修伯長」。

新刊黄帝内經素問二十四卷　十六册

宋本

北京買來。十行十五字注同，小黑口，雙魚尾，左右雙邊。上魚尾下行書題一「問」字，間記字數，而無刻工姓名。每卷皆題「啓玄子次注林億孫奇高保衡等奉敕校正孫兆重改誤」一行。首王冰序，序後有「將仕郎守殿中丞孫兆重改誤」一行。次林億等序，序後有高保衡、孫奇、林億銜名三行。次目録。卷末「爲仁篇」顧本所無版心題「問亡」二字。卷帙完足，摹刻精良。高五寸一分，寬三寸四分。「應麟」朱文小長方印、「裕陽之印」朱文小方印、「東吴文獻世家」朱文方印。

唐僧弘秀集六卷　一册

抄

四一四，「果親王府印」。抄汲古閣本五十二人，多選皎然、貫休、齊己三人之作。

揭文安公詩二卷　二册

抄

三六二。仍是元進士門生燮理普化集録。卷中題「元音獨步揭文安詩集」。有正德辛巳建業次川子序云「詩多遺亡，世不全見，今自其門人所集者，類而爲若干篇，猶分五七言及絶律復有拾遺」。序後復有次川子王浩識。「黄氏丕烈」「善耕顧氏印記」。

乾隆五十年歲在乙巳三月十日錢唐梁同書獲觀。

此亦當從燮理普化所編選録，次川子不知何人。分類殊不當，五排往往雜入五古中。所選亦不足盡神骨秀削之美，不足以匹文粹也。兆洛識。

韓君平集二卷　一册

藍格明抄

四三五。十行十八字第一葉版心有刻工姓名，朱摹校過。「汪東山讀書記」。

蘇平仲集　四本

抄

三九一。舊而精。

新刻注釋駱丞集十卷　四册

明刻

七六。

陳子昂十卷附録附　六册

藍格抄本

三六九。明都御史王廷校刻，門人黄姬水劉鳳同校。前有長洲劉鳳子威序。

陳伯玉文集十卷　二册

抄

四一二。新都楊春重編，射洪楊澄校正。九行廿一字，有弘治四年張頤序、盧藏用序。張序謂：「今巡撫山西都御史楊公澄與伯玉爲同邑人，得其全集于中秘，鈔録而來校正刊梓。」目以一之五爲前集，六之十爲後集。

玉山樵人集　二册

鈔本

一〇七。不分卷。得分體詩二百廿八首。《香奩集》有自序，得分體詩九十七首傅氏借校。汲古閣本專刻《香奩》，多詞二首、賦二首。席刻無《香奩》。

匏翁家藏集七十七卷補遺六首　八册

正德三年李東陽序。徐源後序。正德己巳王鏊序。十二行，廿四字。

黄御史集八卷附録一卷　四册

萬曆丙午曹學佺序、慶元二年洪邁序。九行，十八字凡二一三。

大唐六典殘宋本五卷　一册

六十四頁，蝶裝。江安傅氏藏本。卷七十三頁全，卷八十六頁全，卷九十一頁全。卷十十二頁全，卷十一十二頁半，中缺第五頁。首葉紙背有朱文大長方木記長四寸九，寬一寸八，惟「禮部官書」四大字可辨，其餘小字皆不可識。半頁十行，行二十字，小二十一二三字不等，左右雙邊，白口，魚尾下標「六典幾」，下記刻工姓名，四邊寬大，紙甚厚，色似淡墨，綿質，色紫，其狀如雲，高六寸四分，寬五寸。貞、徵、楨、恒、弘、玄、匡、敬皆闕筆。卷七第十頁明本缺，第九頁末與十一頁首文字銜接。卷十丞掌判省事明本不另行。

弘明集十四卷　三册

十行，廿字有萬曆丙戌汪道昆序。

廣弘明集三十卷　七册

缺卷九之十二、廿四之廿六，凡七卷。行款同上，卷二十七之三十皆分上下七百五十七頁，所缺六卷在外。

張氏集注百將傳殘宋本

北京鄧書先借來。存卷五十四六頁、五十五十一頁、五十六八頁、五十七十頁、五十八六頁，已上上册。六十四五頁、六十五八頁、六十六九頁、六十七九頁、六十八八頁，已上下册。存十卷計八十頁。每半葉十四行，行二十四字，白口左右雙邊，中縫「將幾」，或「百幾」，或「百將幾」。高六寸强，廣四寸一分强。卷首有王述菴手跋云：「宋槧張預輯《百將傳》殘本二册，每半頁十四行，行廿四字，卷五十四之五十八一册，六十四之六十八一册，計僅十卷。玩其楮墨簇新，古香古色，雖散佚殘編，實不啻片羽吉光之可寶，後有藏者，宜拱璧珍之。嘉慶丁巳小寥月題於詠絮齋，南榮述菴王昶，時年七十有四，左目生花，故不工也。」江南圖書館存二册，與此同種，存卷五十九之六十三，八十九之九十一卷凡八卷，八十四頁，去年已照來。

左欄外小字注：傳是樓王蘭泉。

韋江州集十卷附録一卷　六册

明本

每半葉十一行，行廿一字，白口，書名在魚尾上，下題「太華書院」四字，並記刻工。分古賦、雜擬、燕集、寄贈、送别、酬答、逢遇、懷思、行旅、感嘆、登眺、遊覽、雜興、歌行十四門，次序與他本同，惟以拾遺八首，并入卷十之末。首有嘉靖戊申承德郎户部山東清吏司主事晉陵華雲序，謂「視榷江州，知韋公曾刺是郡，適中丞印臺傅公拊循之暇，命郡守重刻陶集，予庸重有感焉，爰緘書兒曹，校刻是編，俾與彭澤共垂不朽」云云。目後有蒙泉汪汝達少卿、鄭夢桂跋云：「宋嘉祐間王欽臣編定，而拾遺八首則熙寧以後增入，舊本另爲卷，今附末卷之後，而序傳跋尾别爲一卷，補菴先生以地官視榷，潯陽書來，命長嗣明伯校刻是集，將置板公署，且俾桂等同校之，浹三旬迄工，參考新舊本頗衆，自謂精覈，無復訛脱。韋官止蘇州，猶系之江州者，以集所由刻也。」又有岳陽華復初光風霽月樓識一則，附録中收宋嘉祐元年太原王欽臣序，紹興知吴縣事葛蘩、王昌虞、霍漢英校刻序，姚寬跋，乾道辛卯胡觀國校刻書後平江校刻韋集十卷並拾遺，崔敦禮跋尾，弘治丙辰楊一清跋，隴州新刻韋集後，沈明遠補傳，劉須溪評語。

晦菴朱文公韓文考異序

闕名

無名字序，寶慶三年王伯大序後有兩行云：吾釋如集中考異已載者更不重出。半頁九行，行十八字某云某本均白文，上下黑口。

增廣注釋音辯唐柳先生集

行款同前。

朝野新聲太平樂府九卷　三册

元刊小字本

跋一，一七三葉。青城澹齋楊朝英集。半頁十四行，行二十四字，四周單邊，上下小黑線。高五寸四分，寬三寸三分。「題」「序云」「么」皆黑質白文，中縫魚尾下題「樂府幾」，首列總目，次姓氏。所收皆小令。「黄印丕烈」、「蕘圃」均朱文，「平江黄氏圖書」朱文、「寒士精神」白文、「休寧朱之赤珍藏圖書」朱文、「卧庵所藏」朱文、「秀水莊氏蘭味軒收藏印」朱文、「上第二子」、「臣印克文」、「惟庚寅吾以降」、「陳印寶晉」、「守吾經眼」。

花間集十二卷唐衛尉少卿趙崇祚集 補二卷西吴温博編次　六册

他本皆作十卷。趙崇祚與歐陽炯，陸元大本均題蜀人，此皆作唐人。歐序後有「萬曆壬寅孟夏玄覽齋重梓」一行，巾箱本。《標注簡明目録》注此書有姚氏刊本，多補二卷，未知即此本否。

增修箋注妙選草堂詩餘

前集上下卷版心均題「上」，後集上下卷，四册版心均題「下」，首有一「後」字。第一册前缺一之十一頁，半頁九行，行十八字，上下大黑口共一七九頁。「安肅荆聚刊」「春山」在卷末。世傳

《草堂詩餘》，異本最多，《四庫》云「明傳南宋人所編」，《直齋書録》「《草堂詩餘》二卷，書坊編集」，此見於著録之始。惟其出坊肆人手，故命名不倫，所采亦多蕪雜。宋刻今不傳，以洪武壬申遵正書堂刊本爲最古，題「增修箋注妙選群英草堂詩餘」，各分上下卷元至正末廬陵泰宇書堂亦刊，此嘉靖間安肅荆聚春山所刻，亦從洪武本出。江藩半氊齋跋：「是本不分小令、中調、長調，乃《草堂詩餘》之原本也。世傳《類編草堂詩餘》，不知何人所分，古人書籍，往往爲庸人所亂，殊爲可恨。」按江氏云云，蓋指明嘉靖庚戌上海顧從敬所刻類編四卷本而言，毛氏所翻，即顧本也。

才調集十卷　六本

李木齋藏述古堂本

十行，十八字，左右雙邊，白口，述古堂舊藏，殆《敏求記》所著録之影寫書棚本也。高五寸三，寬三寸九。「述古堂圖畫記」、「虞山錢曾遵王藏書」均朱文長方印、「賢者而後樂此」白文長方、「錢曾之印」、「遵王」連珠方印、「大布衣」白文方印、「錢曾」朱文橢圓、「錢氏校本」朱文小方、「求赤讀書記」白文小方、「錢孫保印」朱文方、「毛晉私印」、「子晉」、「汲古主人」均朱文方、「有竹軒」朱文橢圓、「菂」朱文圓、「雪苑宋氏蘭揮藏書記」朱文長方。

國語二十一卷　八册

明金李本

葉揆初書。十行，大小均二十字，白口，高六寸八分，寬四寸九分。宋諱間有缺筆。石田翁、趙子昂印均應削去。嘉靖戊子吳郡後學金李校刻于澤遠堂序後。凡三〇二頁。

光緒癸巳見一本于廠肆，具有刻書姓名，此剜去，贋宋者也，三月一日伯羲記。

呂氏春秋二十六卷　六册

明嘉靖七年許宗魯本

葉揆初書。十行，十八字，白口，白魚尾，高六寸二分，寬四寸四分。前有嘉靖七年許宗魯刻書序，次高誘序，目後有鏡湖遺老記。凡四〇廿三頁。

韓非子二十卷

明大字本。

蔣抑之書。八行，十四字，上下黑口。卷首第二行題「臨川周孔教校刻」。前有重刻韓非子序缺名，又直隸保定府知府黄策等銜名五行。

玉篇　四册

白紙寫本

蔣孟頻藏書。凡二六六。十行，小廿八字，烏絲欄，上中下各十卷高六寸八，寬四寸九。卷上缺一至五十止。口部古崖切，喈喈和。「梧門藏書之章」白文方印、「法時帆藏書印信」白文方印、「詩龕書畫印」白文方印。

浣花集十卷　四册

明鈔本

蔣夢蘋書。白紙藍格，十行，十六字。末有補遺二首《乞彩牋歌》《詠白牡丹》。取校汲古閣本，大致相同。惟卷四《江上逢史館李學士詩》，毛脱「時巢寇未平」自注五字；卷九《宜春縣卜居詩》第一首「何事却■贏馬去」，明鈔「却」字下注「缺一字」，毛刻補出「騎」字。明正德間，江陰朱子儋有刻本，補遺後有朱氏跋云其弟藹嘗爲作序，今不存，姑缺之。既刻其集，又得遺詩二篇附後，是此本即依朱刻録出矣，汲古亦翻其本，惟多韋藹序，補遺亦增多云。

呂和叔集五卷　一册

汲古閣黑格抄本

蔣夢蘋書。黄蕘圃跋二通，非初筆比秦刻少文卅八首，詩九首。「汲古閣」朱方長印、「子晉一名鳳苞」白文方印、「隱湖小隱」朱文方印。

李文饒公文集二十卷别集十卷外集四卷　六册

明刊本

蔣夢蘋書。十行，二十字。首載鄭亞序，《外集》有後序，缺下半首，不知作者名氏，當是宋時刻書序也。卷首第二行題「江西按察副使吴從憲彙輯」，第三行「袁州府知府鄭惇典校正」，瞿本無之。此本通體有朱筆校正處，不知所據是何本也。「名山草堂蕭然獨居門無車馬坐有圖書沈酣枕籍不知其餘俯仰今昔樂且晏如蕭蓼亭銘」朱文方印、「蕭蓼亭四世家藏圖籍」白文方印、「閩中蓼亭蕭夢松圖史之章」白文方印、「蘭陵世家」朱方、「藏之名山傳之其人」朱文方印、「蕭蓼亭四世家藏圖籍」白文方。

增廣音注唐郢州刺史丁卯詩集二卷

明弘治本

蔣孟平書。十行，十九字，上下小黑口，欵式與元槧同，惟卷中魚尾，元槧有花紋，明本盡墨耳。卷首第二行題「刺史許渾字用晦撰」，第三行題「信安後學祝德子訂正」。但名爲音注，注既極略，音則絶無，蓋坊肆中徒題此名，以聳人聽聞耳。前有大德丁未金華王瑭希古序，略謂「信安祝得甫好學不倦，尤篤志于詩，一日從容訪舊，偶得《郢州類稿》若干卷，復旁搜遠紹，幾足五百之數，鋟梓以廣其傳」云云。後有弘治七年鎮江府知府洪洞鄭傑序，謂「獲《丁卯集》于鎮江士大夫家，中間遺失錯亂者不一，又以寫本參訂，遂刻梓以永其傳」。

震川先生集三十卷別集十卷　十册

此集舊有二刻，二十卷者，乃先生從弟道傳所刻，卌二卷乃夫子嗣君子祜、子寧所刻也，謂之崑山本，萬曆丙子浙人翁良瑜刊。明季其裔孫雪菴又重道傳集，此爲錢牧齋所編定，刻于崑山。

國語二十一卷

常熟歸止菴書，乾隆戊戌長洲吴翌鳳校北宋本。

戊戌九月朔日，武林盧抱經學士以影抄北宋本《國語》寄示，蓋宋庠未有補音前本也，爰取家塾舊藏對度，一點一畫，不敢脱落，亦珍重古本之至矣。枚菴翌鳳。

容齋隨筆

宋本

隨筆十六卷全。十行，廿一字，白口，中縫極寬，左右雙邊，上記字數，下記刻工。高七寸一分，寬五寸四分。

首列嘉定壬申臨川何異序五集總序，每卷之首及目録均記明若干則。「殷」「弘」均缺筆。續筆十六卷全。十行，與瞿氏本同。

眉注：徐恕印信，字□行可。鄂渚徐氏經籍金石書畫記。伏侯得之日本。

慎子

緜眇閣本止存「威德」「因循」「民雜」「德立」「君人」五篇，守山本從《群書治要》補「知忠」「君臣」二篇，惟此明慎懋賞本多外篇，但鄭漁仲所見已止五篇，此蓋雜取《鬻子》

《墨子》《韓子》《國策》諸書附益爲外篇也。

全謝山先生鮚埼亭集三十九卷

抄校本

鈔有而刻無者二首：卷六《明淮揚監軍道僉事鄞王公神道碑銘》見刻本外集，卷卅四題「三山野録」即思文六紀。刻有而抄無者一首：卷卅三《鷺脰山房詩集序》。

説文解字

日本照來宋本

首題「説文解字標目」，空三格題「漢太尉祭酒許慎記」。次行低二格題徐鉉銜名兩行。高七寸六分，廣四寸一分，白口。阮氏手跋云「嘉慶二年夏五月，阮元用此校汲古閣本于杭州學舍」，「毛晉所刻即據此本，凡有舛異，皆毛扆妄改」。錢氏跋云「乙丑閏六月，錢侗借觀」。蔡廷楨、吴敦復、阮元、汪閬苑〔二〕、王蘭泉、陸心源經藏。

【校勘記】

〔一〕「苑」應作「源」。

重刊黄文獻公文集十卷　八册

明刊本

有嘉靖十年辛卯張儉字圭山序，略謂「公邑後學侍御虞君惟明，深懼斯集湮没，無以迪後進，觀風之始，乃購舊本以屬不肖編次。舊本頗缺失，且泛載其一時偶應異端之作者，恐非公意。索世家得善本及公所爲筆記一編，稍加删定，付建甌尹沈璧、陳珪重梓以傳」云云。次宋濂原序，是序《日損齋稿》者共二十五卷。半葉十行，行廿一字。每卷首第二行題「門人宋濂／王褘全輯」，第三行題「後學虞守愚／張儉全校」，第四行雙行題「温陵張維樞子環重選／會稽王廷曾培菴補訂」，蓋此板傳明稍有缺失，張王二人爲之補版，因嵌入此行也。收藏有「江陰繆荃孫藏書印」朱文長方印。

卷之一五言古詩七十五首，律詩六十二首，絶句詩四首。

卷之二七言古詩廿八，律百廿九，絶四十四，詩凡二百四十二。
卷之三賦文等六十二。
卷之四題跋八十九。
卷之五序二十八。
卷之六又廿八。
卷之七記、筆記、附録六十二。
卷之八墓誌等卅五。
卷之九又卅六。
卷之十碑文等廿六，文凡三百六十六。

六書統溯源十三卷　十三册

元刊本

收藏有「季振宜字詵兮號滄葦」朱文方印、「海鹽張元濟庚申歲經收」白文長方印。

眉注：此書《四庫》入存目，亦作十三卷。

唐陸宣公集二十二卷　十二册

宋刊本

首列權德輿序題「唐陸宣公翰苑集」、本朝名臣進奏議札子。半葉十行，十七字，白口，左右雙邊，間記字數及刻工，板心高七寸三分，寬五寸一分。目録欵式如左：

唐陸宣公集目録

唐陸宣公集卷第一

制誥卷第一

奉天改元大赦制

一之十爲制誥，十一之十六爲奏草，十七之二十二爲中書奏議，又制誥分赦、宥等類目雖統排，而每種大名下仍列小名，各爲起訖。字畫遒勁，宋槧中之精者。鈔配卷〡〣、〡〤、〡〥、〡〢凡六卷。「匡」字闕筆，餘皆不避。收藏有〔一〕……

眉注：天視自我人視，天聽自我人聽。

【校勘記】

〔一〕以下孫氏原稿缺。

元詩前集　一册

明初李氏建安堂刊

卷首有白文「前集」二字，「盱江梅谷傅習説卿采集」一行、「儒學學正孫存吾如山編類」二行、「奎章學士虞集伯生校選」三行。首有至元二年虞邵菴序，錢竹汀謂是僞託。全書六卷，此存一之三，自劉静修至陳自堂，凡四十五人。每葉十行，行二十字，白口，魚尾上題「詩前幾」，四周雙邊虞本有僧虞谷詩，與黄見本同。

元詩後集　一册

同上〔一〕

卷首有「後集」二字，「儒學學正孫存吾如山編類」「奎章學士虞集伯生校選」。首有至元二年盱江謝叔孫序。原書六卷，今存一之三，自鄧善之至葉天趣，凡八十一人。皆江西籍，好多非賴此則姓名翳如，不如前集之多聞人也。按此即《皇元風雅》，想是明人翻刻，故易其名耶？《皇元風雅》凡二，一此本，一蔣易之三十卷本也。易有集。

眉注一：《皇元風雅》三十卷，蔣易編，亦有虞道園序與孫本不同，其文比序孫本者爲佳，内言監察御史前進士宋褧顯甫在史館多暇，其所會稡開國以來辭章之善，多至數十大編，未知刻否。瞿目鈔補與元書不符。虞刻殘本爲瞿之廿二之廿六卷又不盡同。惜之叶爲雜編，與虞刻同，但虞刻分上中下耳。

眉注二：錢竹汀得元建安堂刊本，云前後集各六卷，《四庫》則云前後各十二卷。

【校勘記】

〔一〕「同上」應指亦爲「明初李氏建安堂刊」。

幸跌草一卷

刊本

《浙江采集遺書總〔一〕録》。右國朝監生餘姚黄百家撰別有《學箕初稿》《二稿》《三稿》《四稿》。

【校勘記】

〔一〕「總」，原文作「續」，誤，徑改。

唐文粹　廿四册

晉藩本

嘉靖八年復書，臣知烊跋，嘉靖五年序，姚鉉序。半葉十三行，行廿一字，無總目，但有聯正文之分目。

唐文粹卷第一古賦總三首

吴興姚　鉉　纂

聖德含元殿賦李華　明堂賦李白

此是晉藩本欵式。

重校正唐文粹卷第一

吴興姚　鉉　纂

古賦甲總三首

聖德二謂二首也

此是徐焴本欵式。十四行，廿五字。

元刊小字本，半葉十五行，行廿五字，上下細長黑綫，欵式與徐焴本同，惟版心較窄耳。

眉注：徐本有胡纘宗、汪偉二序，題嘉靖甲申、丁亥胡。胡序版心有「萬竹山房」四字。寶元二年施昌言後序，藩本無。

蔡中郎文集十卷外傳無卷數　二册

影抄蘭雪堂本

黄蕘圃以舊紙命門僕影鈔，又手自校勘，間有陳仲魚筆。版匡高四寸八分，寬三寸七分。中縫魚尾上均有「蘭雪堂」三字，魚尾下有○，○下隔以粗■，■下作「一慶」「二魁」「三員」「四魁」等字，蓋「一」「二」「三」等字是頁數，「慶」「魁」等字則刻工名也，亦間有作「慶九」者。目録四葉，末有「■■乙亥春三月錫山蘭雪一行／堂華堅允剛活字銅版印行一行」二行，按此二行，他本亦有，惟他本與目録緊接，此則在後半葉，與目録相去甚遠。他本第一行起「至」字之「堂」字止十二字，第二行「堅」字之「行」字止十字，比此本首行起「正」字之「雪」字，次行「堂」字之「行」字，皆平均每行十一字也。他本第二卷末無「蔡中郎文集卷之二」一行，此本有。他本第三卷末「蔡中郎文集卷之三」一行緊接正文之後，此本則離開數行。此本卷五後有木篆記二　錫山〔一〕蘭雪堂華堅／活字板印行，他本則無。

眉注：此本目録與他本不同。

【校勘記】

〔一〕此處邊框孫氏原稿作圓形。

寒山子詩集不分卷豐干詩六二首拾得詩不分卷慈受擬寒山詩不分卷

高麗刻本十行十六字，卷心題「三隱」或止題「三」字。《寒山詩》前有「朝議大夫使〔一〕持節台州諸軍州守刺史上柱國賜緋魚袋閭丘胤序讚」一首。共五言詩二百七十九首，七言二十首，三言七首，末有「杭州錢塘門裏車橋南大街郭宅■鋪印行」一行。《豐干詩》僅二首前有小傳。《拾得》五言詩五十四首前有小傳，後有淳熙十六年住山禹穴沙門志南撰「天台山國清禪師寺三隱集記」一首，後附録陸放翁《與明老帖》原缺數行，今依適園本補，五音釋一葉仍缺前半葉，題「比丘可立募衆刊行」。所謂「三隱」者，到此已盡。《慈受深和尚擬寒山詩》一百四十八首建炎四年，《戒煞偈》十首原缺前五首，則未知何人所併。此卷後有甲戌秋七月誰月軒主人玉峰跋，稱「余昔庚午秋，自關東行脚至金剛山之正陽菴，得斯集于隱溪禪翁，足見三聖人風彩，慈受叟賡歌於其後」云云，庚午不知何時，其所見本，已有慈受詩矣。

日本擺印本張石民影宋刻本與此不同處如左：一，張本有寒山、豐干、拾得三家而無慈受；二，張本無音釋；三，張本卷心無字；四，張本八行十四字；五，張本有比丘無我序，華山東皋寺僧可明雕版跋；六，張本《寒山詩》五七字不分，惟三字則分次序，亦與此不同〔二〕。

【校勘記】

〔一〕「使」，孫氏原稿無，據涵芬樓影印宋刻本《寒山子詩集序》補。

〔二〕此段孫氏原稿雙行。

春秋經傳集解三十卷　四册

北京蔣惺甫藏宋刊巾箱本

首題「春秋經傳集解隱公第一」釋文雙行，次行低十格「杜氏」，又低二格「□十一年」。

半頁十三行，行廿四字，四周雙邊，白口，魚尾下題「左幾」，葉碼下記刻工姓名。版匡高四寸七分，寬三寸四分，雖蠅頭小字，而字字精整，皆帶柳體。宋刊致佳本也。「讓」「桓」「禎」「貞」「殷」「寧」「筐」「媾」「胤」「徵」「構」「恒」「慎」皆爲字不成，孝宗時刊本也。釋文與注直接，惟本字皆加○以爲別。首載《春秋二十國年表》共十頁，此是蘇軾《春秋集解》中文天禄亦有一部，附年表。「玉林堂印」白文方印，卷一、十九、廿二、廿五、廿八。「季振宜印」朱文小方，卷一、卷十二、卷十四。「季振宜印」「滄葦」卷三、卷六、卷九、十七、十九、廿二、〡〤、〡㇄、收。「孫氏思和」朱文長方、「京口孫育思和」朱文方印，十九。「曲阿孫育」白文方印，卷廿二、廿五、廿八。《延令書目》宋版《春秋經傳集解》三十卷，《二十國年表》《名號歸一圖》共十二本，今按卷一、九、十二、十四、十七、十九、廿二、廿四、廿六、廿九，凡十二卷，皆有季氏印記，則即延令故物也，惟《名號歸一圖》已亡。

眉注：

第一册一之七　一二五頁，卷三卄、丨卜頁抄兩頁。

第二册八之十四　一二二頁，〥〤頁抄。

第三册十五之廿二　一四〇頁。

第四册仁之三十一四二頁。

共五百廿九頁。

西山先生真文忠公文集五十一卷目録二卷

正德庚辰栞本

卷首第二行題「後學莆陽黄鞏校正，後學常熟張文麟同校」分兩行。據卷首黄鞏序題正德庚辰冬十二月，謂「先生所著《讀書記》《心》《政經》之類，皆行于時，獨文集五十一卷，世罕得見。予同年建寧太守常熟張君公端，近訪得之地官郎楊君乾叔所，且思所以校而序之，適鞏被放南歸，過焉，則亟以見委」云云。所據想尚是舊本也。半葉十行，行十八字，上下黑綫口，四周雙邊。萬曆二十六年，錢塘金學曾巡撫福建，委林培校刊本十行，廿字，字迹較大，爲卷五十又五，比此多「青詞」卷四十八、四十九、「疏語」卷五十、五十一四卷。

釋名八卷　一册

明本

趙君閎藏。此嘉靖乙酉，石岡蔡天祐重刻吕柟本。吕本有陳道人識語四行，此亦有之。惟改半頁十行爲九行耳。

鐵厓先生古樂府十卷復古詩六卷　四册

明本

宗子岱藏。輯録《鐵厓先生古樂府序》至正六年吴復，瞿宗皆有，《鐵厓先生古樂府叙》至正丙戌張雨，瞿宗皆有。《重刻鐵厓先生古樂府後序》成化己丑海虞劉儆，宗本無，《後序》至正八年崑山顧瑛，宗本無，《元故奉訓大夫江西等處儒學提舉楊君墓誌銘》有序，太史氏金華宋濂撰瞿本無。補照四十六頁。

誠齋集一百卌三卷

《古文舊書考》云，「彼國有端平刻本」又有淳熙單刻《南海集》八卷，宋諱缺筆，則作「朗」「曰」「惇」「敦」「貞」「徵」「廓」。又「貞」作「正」。其跋則云「鋟木于端平初元六月一日，畢工于次年乙未六月之既望」，則是端平紀元刻本也。首有目録四卷，第一《江湖集》，至卷四十二《退休集》，皆詩，而卷第四十三以下則其文也。每卷末云「嘉定元年春三月男長孺編定，端平元年夏五月門人羅茂良校正」，二行分書。半頁十行，行十六字。後有端平二年劉煒叔跋五葉半。

眉注：繆本原是日本人之書影鈔，以此證之，則又不盡同。半頁十行，行十九字，劉跋在前，序也，非跋也。

意林五卷　二册

聚珍本

此書自唐以來，久多殘缺，《四庫》據嘉靖時廖自顯刻本，復據天一閣抄本補戴叔倫、柳伯存兩叙。柳序稱存六卷，而此本僅五卷，蓋廖刻實非全本，道光時始有宋刻六卷本，於是海昌蔣氏取其第六卷刻入《斠補隅録》，貴筑楊氏亦刻于《訓纂堂》。

黄文獻公集二十三卷　十二册

陶蘭泉涉園藏元刊明補本

十四行，廿五字，上下小黑口，上記字數。《初藁》一之三：一〔二〕五七古，二五七律，三賦騷文。《續藁》四之廿三：四詩，五制表牋箴贊記，六記序，七序跋，八跋策問啓疏文，九碑表墓誌，十誌碣傳，十一賦辭詩贊碑記，十二記，十三序跋策問文，十四文墓誌，十五墓誌，十六釋道碑碣銘傳，十七樂章詩詔制表箋贊銘碑文記，十八記，十九序跋策題祝文行狀，廿碑，廿一碑，廿二墓表墓誌銘，廿三誌銘墓記。宋濂叙鈔補謂「先生薨後五年，家藏《日損齋藁》二十五卷，縣大夫胡君刻之，俾濂爲之序」。此集係有元刻本，非明初刊本。收藏有嚴蔚人、汪士鍾等印記。

眉注一：元刊四十三卷，題「金華黃先生文集」，與此不同。廿四行，廿四字。

眉注二：卷一之十臨川秦索編，卷末或題「門人傅藻校正」，亦題「門人劉涓校正」，十一之廿三「門人宋濂、傅藻同編」，或云「門人王褘編」。

【校勘記】

〔一〕此篇內表示順序的數字，原稿均作阿拉伯數字。

韓非子廿卷　四册

庚申十月北京賈

述古堂影寫本，顧千里、黃蕘圃題校吳山尊影刻本與此悉同。卷四七頁題四子，季振宜、汪閬苑〔一〕開萬樓。

【校勘記】

〔一〕「源」原稿作「苑」，誤，徑改。

袁氏通鑑紀事本末撮要八卷　二册

宋本

上四十五，下卌八頁。瞿目有影宋鈔本，題「建安袁樞機仲編，建安蔡文子行之撮」。每半頁十四行，行二十三字，宋諱「匡」「朗」「貞」「徵」「桓」「恒」「構」字，皆減筆。今此本悉與之同。瞿目云從郡中汪氏所藏宋本景寫。此書有汪閬源圖記，則即瞿氏之祖本矣。惟刻本點句，而瞿目不言，想影寫時漏之耳。「毘陵周氏九松迂叟藏書記」朱文長方、「周印良金」朱文方、「臣印文琛」白方、「詩雅之印」白方、「周誥私印」白方、「脩敬堂印」白方、「平陽汪氏藏書印」朱文長方、「長洲汪士鍾閬源印」白方、「泰峰審定」白方、「田耕堂藏」朱方、「蕘圃過眼」白方、「民部尚書郎」朱方、「汪印士鍾」白方。

晝上人集十卷　二册

開花紙精鈔本

十一行，廿一字，板心題「皎然集」，有「武陵仲子」「從吾所好」「汪士鍾藏」等白文印記。

敕浙西觀察使　　牒湖州

當州皎然禪師集

牒得集賢殿　御書院牒前件集庫内無本交闕進

奉牒使請速寫送院訖垂報者牒州寫送使者故牒

貞元八年正月十日牒

都團練副使權判兼侍御史李元

使潤州刺史兼御史中丞王緯

吴興晝上人集序

朝議郎大夫守湖州刺史于頔撰

眉注：上人俗姓謝。

嵇中散集十卷　四册

明本

半頁十一行，行廿字，每卷目連正文，白口，版縫下方有「南星精舍」四字。嘉靖中黄省曾刊本也。卷一詩、卷二賦書、卷三之九集論，卷十箴戒。

脈經十卷　四册

涵芬藏元刊本

十二行，廿四字，上下小黑口。

越絶書十五卷　二册

明雙柏堂本

半葉八行，行十七字，白口，白魚尾，版心下方題「雙柏堂板」四字。前有嘉靖三十三年明進士白馬令西蜀張佳胤刻書序，則雙柏爲張氏堂名。長卷頭，共一百二十六葉前後序在外。行欵墨釘，與萬曆中馮念祖本同。惟此本卷首「越絶書傳本事」，中縫有「叙」字，馮本無之。卷末丁黼跋，馮本亦闕。陸心源謂雙柏堂本最佳，洵然。

華陽國志十二卷

《叢刊》用周錢叔寶鈔本，原出于宋，然校以《函海》本。卷十缺「杜瓊皆名士至卿佐」八字，又脱「郭玉通」一條，又脱吕大防序、劉大昌後叙，而卷十之「上巴郡士女讚」，錢本亦脱。

眉注：顧觀光有校勘記，校宋校正各本之誤。

意林五卷　三册

傅沅叔借來，庚申十二月九日

明嘉靖丙戌王大化精刻本。每半頁十行，行二十字，白口。卷首題「意林卷之幾」，次行空十二字題「扶風馬總元會編」。與聚珍本不同者，卷二《鶡冠子書》闕，此本不標目，殿本有之，下注「闕」字；《王孫子書》闕，此本誤以《莊子雜篇》索其下，殿本删去其文，而仍列其目，下注「闕」字；卷三此本《説苑》中不列其目，殿本有之；殿本有戴叔倫、柳伯存二序，此本失去。

纂圖互注禮記二十卷　十册

宋本

蔣孟蘋藏。前列《禮記舉要圖》九頁，凡十五種圖：一《王制商建國圖》，二《周制建國之圖》，三《天子縣内圖》《方伯連帥圖》，四《王制九命之圖》《公卿大夫士圖》，五《卿制爵位之圖》《士制爵位之圖》，六《袞冕裘衣制圖》，七《韠制度圖》《帶制度圖》，八《玄端冠冕制圖》《委貌錦衣制圖》，九《曲禮師行圖》《玉藻雜佩圖》。首題「纂圖互注禮記卷第一」，次頂格「曲禮上第一」雙行附釋文，次空三字題「禮記」。半頁十二行，行大廿一字，小廿三五字，白口，中縫魚尾下題「記幾」，下記頁數。「重意」「重言」均白文，釋文隔○，闌外有耳。卷一抄配廿五頁不工。林吉人題字，陳鑾、孫銎、楊希鈺、張爾旦、吴輔仁跋，皆不印，單印錢天樹、李申耆、張蓉鏡三跋、程恩澤觀欵。此書由小讀書堆入張氏，粤難後，又入張緝甫家，又入趙次侯家。

眉注一：版心高七分五，寬三寸八分。

眉注二：「康熙丙子上元後一日長洲西堂老人尤侗借讀」「清閟閣書」，均在卷一後。

説苑二十卷　八本

宋本

半葉九行，行十八字，上下黑口，間有下方白口者，魚尾下書名，或作「説苑幾」，或作「苑幾」，下記刻工，間刻白文，亦有記在葉碼上者，不記字數，間有側記在葉碼上者。通體字迹潦草，譌字極多。黄蕘圃跋云宋本之乙，殆得其真矣。舊爲拜經樓藏書缺第十四、十七。

曾鞏進書序

「臣向言」云云七行畢，緊連總目。

説苑卷第一

鴻嘉四年三月己亥護左都水使者光禄大夫臣劉向上

君道

晉平公

餘卷倣此

説苑卷第二十　鄉貢進士直學胡達之眎役

迪功郎改差充鎮江府學教授徐沂

咸淳乙丑九月　迪功郎特差充鎮江府學教授李士㰌命工重刻

卷四《立節篇》，有「尾生殺身以成其信」一句，卷六《復恩篇》多「木門子高」一條，自明天順本以下皆無之黄跋在第一册，又一道在第六。

通鑑紀事本末

宋刊宋印本

十一行，十九字。缺六之七、十一、十三、十六之二十、廿二、廿九、卅五之四十二。此書宋板，至南監尚在。收藏家著録者，多元明遞修之本。此宋刊初印本，四周寬大，紙白墨潤，實爲罕見。雖所存秖二十三卷，僅有全書之太半，殘璣苓[一]璧，亦足珍矣。每册前有「雲山書籍」白文墨印，後有楷書木記云：

先人遺囑凡書決不可借人及私取回家以致散失違者以不孝論此我
高祖雲山府君書樓遺囑也
大父六松府君表而出之子

孫當世守弗失可也
孫男見榮薰沐百拜識

卷中間有墨長方楷書木記如下：

蘭谿龍岩黃氏■■
書樓書籍美不■■
玄孫見榮■■■■

《光緒蘭溪志・義行傳》：黃樓，字時高，號雲山，黃店人。家豐于貲，構書樓于宅旁望雲山，擁書數萬卷。

壬子冬日，豐順丁氏書散出，有人攜至上海，余購得數十種。此書舛誤殊甚，原校過於率略，聞繆小山前輩有此書，因借來一校。其書爲虞山張月霄舊藏，抄自天一閣者，以校丁本，頗有異同。張本有用硃筆校補者，則標曰「硃改硃補」。原本文可通而與張本異者，則注其字於書眉。其文不可通者，則竟據張本改正。張本中「敵」字，丁本多有作「虜」作「胡」者，是丁本當在前也。事冗未得竟校，因將張本送還，並約明稍暇再乞借閲云。癸丑陽曆三月一日元濟識。

地脚小注：存一之五，八之十，十二，十四、五，廿一，廿三之廿八，卅三之卅四，共廿三卷，缺十九卷。

【校勘記】

〔一〕「苓」疑爲「斷」之誤字。

春秋諸傳會通

李廉序後有至正辛卯臘月崇川書院重刊木記。

新編四書待問

目後有「泰定丁卯春仲虞氏務本堂」一行。朱氏與畊書堂永樂初刊《玉篇》。

資治通鑑綱目

宋本

八行，十七字，小字同。存序、一之十一、十八之廿八、三十一之三十五。此書成化中藏張縠謙齋家，因失去一册，手自抄補，并有手跋，楹書世寶，已爲難能。萬曆中，其曾孫寅遍徵題詠，彙抄一册，今第一册是也。有謙牧堂圖記。

禪月集廿五卷

徐行可影寫本

十三行，廿字，白口。宋諱缺筆。從避暑山莊藏毛鈔本影寫。逐卷銜接，與北宋本《李賀歌詩編》同，當俱以卷子付梓。曇域序後有二行云：

旹嘉熙四年五月十五日婺州蘭溪縣

兜率禪寺住持賜紫禪悟大師可燦重刊

汲古本亦有此二行，則亦以此本翻刻矣。惟寫本缺字，汲古本多補出，又別撰補遺耳。楊傑、江衍等題禪月真堂詩毛本在後。吳融述、後序、曇域述大蜀乾德五年編集前後歌詩文贊，題曰禪月、嘉熙戊戌周伯奮刻書序、師保跋、祖聞跋、紹濤跋、童必明跋、余璨跋、徐琰跋。

眉注一：貫休集，西岳、南岳、寶月詩。

眉注二：工書，人號姜體。

杼山集十卷

汲古本

于頔序、福琳傳，後有貞元八年敕浙西觀察司牒湖州公文。

眉注：又名《皎然集》《晝上人集》，以字清晝故也。

白蓮集十卷

又。孫光憲序、傳。

群書治要五十卷

日本尾張藩刊本，九行，十八字。前有天明七年祭酒林信敬序，天明五年細井德民刊書考例。細井氏，尾張國校督學，奉命校勘此書，略謂：「治要一書，中國失傳已久，正和中，北條實時從中秘寫得，以藏其金澤文庫。中缺三卷，元和時，以活字銅版印行，近世亦難得。我孝昭二世子有志校刊，幸魏氏所引原書，今存者十七八，乃博募異本于四方，日與侍臣照對是正，業未成，不幸皆早逝〔一〕。今世子繼志成之。校定異同，書于眉上。」日人石濱純太郎云，自天明本後，日本又有寬政間補版本且不止一板，其異同如左：

寬政三年乾隆五十六年辛亥冬寬政本有此，天明本無。

賣弘所　江户書肆　須原屋茂兵衛

製本所　尾張書肆　風月堂孫　助

刊群書治要考例第一頁左五行

天明本　羅山先生補其二卷其一卷不傳
寛政本　羅山先生補其三卷一卷不傳

目録第一業右六行《左氏傳》上，左七行《漢書》一下，第二頁右五行《漢書》八下，寛政本均注「闕」字，天明本無。

卷一第十頁右一行注，天明本「以在其上」，寛政本「以存其上」；同頁第七行「烝」字，寛政本「𠅹」；同卷第十一頁右六行「聖人以亨上帝」，寛政本「享」。

句讀亦有不同處，如《易》：

元者善之長也，亨者嘉之會也，利者義之和也，貞者事之幹也，君子體仁，足以長人，嘉會足以合體。

元者，善之長也，亨者，嘉之會也，利者，義之和也，貞者，事之幹也，君子體仁足以長人，嘉會足以合體。

兩本眉上所記考證亦有不同。

我國連筠簃所刊者據寛政本，粵雅堂據天明本，而皆去其句點。道咸間有影刻寬政本。

山井重章嘗取元和本校天明本，撰《考證》二册，深嘆元和之不如天明云。

眉注一：細井考後有篆文園朱印云「尾張/國校/藏板」。

眉注二：元和共文年，起萬曆〤〢之天啓〣。天明共三年，起乾隆〤〦之〥〣。寬政共文年，起乾隆〥〤之嘉慶〢。

眉注三：天明。

眉注四：寬政。

【校勘記】

〔一〕孫氏原稿「逝」作「世」，疑筆誤，徑改。

王子安佚文

日本浪華國人上埜有竹藏唐寫本《王子安文》第廿八卷，得文四首達奚員外墓誌；陸■■墓誌，目有文無；歸仁縣主墓誌；賀拔氏墓誌。上野曾印行之內籐跋，而南都正倉院祕庫藏彼國慶雲四年唐寫本一卷，得序三十首，用則天制字。楊守敬録其逸文十三首於《訪書志》。神田香岩亦藏《過淮陰謁漢祖廟祭文》一首，其孫子充印之，字畫不用制字，與上埜本同。

眉注：神田香巖，江安人，藏寫本《尚書》《史記》《世説》《子安文》四種，其子孟達印之。大正八年，内籐虎序。

伊川擊壤集二十卷集外詩不分卷

明本

十一行，廿一字，白口，上下雙魚尾。前有治平丙午自序，後有元祐辛未原武邢恕序。書分廿卷，而中縫題「上」「中」「下」〡之〨上，〦之〤中，〡〨之廿下。葉碼亦按上中下另起。毛刻本不登和詩，亦無《集外詩》，又少十三首。

卷二，《答人放言》。卷三，《放言》《何事吟》。

卷八，《初春吟》《一室吟》。卷十，《二月六日登石閣》。

卷十一，《仁聖吟》。卷十二，《心耳吟》《人鬼吟》《知識吟》。

卷十六，《思患吟》。卷十七，《乾坤吟》。卷十八，《由聽吟》。集外詩。

十三經注疏校勘記識語四卷

黟汪文臺南士。光緒丁丑，劉秉璋仲良序。

分門集注杜工部詩二十五卷　廿八册

四匣，潘明訓藏書，黄同。

王原叔序編定廿卷，寳元二年、胡序非序其詩也，元祐庚午築草堂記耳、王彦輔序注杜詩序，政和三年、魯旹序紹興癸酉注杜詩記，丹丘冷齋、鄭卬序紹興元、王安石序在鄞，客有處士孫正得甫詩，詩百餘篇、宋宜序以新得之詩入集，元豐五年、孫僅序、王琪序嘉祐四年、鄭卬跋、孫何《讀子美詩》、王安石《子美畫像》。分七十九門黄七十二門，集注姓氏，自昌黎至周氏，共得一百四十九家，其實有著述可考者，惟太原王原叔注《子美集》，先古詩，後近體，計三十六卷、永嘉王龜齡《集注編年詩史》卅二卷、西蜀師古著《詳説》廿八卷、嘉興魯訔《編注子美詩》十八卷、郢城張逸序蜀本《子美詩》十卷、曆陽張伯玉《續子美集後》詩〔一〕、河東薛蒼舒《續注子美詩》、薛夢符《廣注子美詩》、城南杜修可《續注子美詩》、杜田著《補遺》、東萊徐居仁《編次門類詩》十一家而已。

《年譜》呂大防撰。十一行，大廿字，小廿五字，白口。

眉注一：集千家注存十一，東萊徐居仁編次，臨川黄寉補注。存目録〣、〤、〥，時一〥上、時一〥下、亠、亠、宮殿居室上、居室下田園、亖、皇族世胄、宗族、夂巨收収〢〥。

眉注二：孫右宸「前生經眼直來看」。

【校勘記】

〔一〕杜集正文張伯玉詩題名「讀子美集」。

吴都文粹續集　二册

錢磬室手稿存一之二，常熟趙氏舊山樓物，索六百元。黑格子紙。卷一前數頁中縫上題「芸窻小隱」四字。半葉十行，行二十字。卷一之目爲都邑書籍郡邑志，卷二爲城池人物。原書五十六卷，續遺二卷。收藏有「錢穀手鈔」硃文長方印、「汪印士鍾」「閬源真賞」連珠方印。丁氏《善本書室》云「錢叔寶手編，而其子允治字功甫繼而遂之」。

眉注：賓，凡「貝」字皆闕筆。

黄太史精華録

殘本，弘治小板

天社任淵選。目録每卷一頁，九行，十五字。任淵序隷書，六行十字。

説文繫傳

述古堂抄本。卷十三第二葉第二行眉上有「鉉等曰旭非聲，未詳。鉉等按逕也會意」「曰明」五行此經大口本抄入，可刪。

吴文正公文集三十一卷

首有成化二十年甲辰，臨川伍福序，謂「分爲五十三卷」[一]云云。次以《從祀孔廟議》、神道碑、《元史》列傳二首，一其長孫吴當傳、年譜、行狀、總目。伍序後有牌子云「甲午嘉靖十三年歲孟春月三槐書堂刊行」。半葉十一行，行廿三字。較萬曆本少詩文三百七十首。萬曆壬子，蘇宇庶重刊本序云「公集刻久，句字斷漫，請臨川湯義仍正之，損其重複荒略者少許，而梓之學宫」云云。其廟議、年譜等，均同成化本。

地脚小注：宣德本又名永樂本，三十行，廿八字。

【校勘記】

〔一〕此處略去孫氏所過録伍氏序文。

北宋本李賀歌詩編四卷附集外詩　一册

明裝

九行，十八九字，白口，魚尾下「李賀集外詩記」，集外得空六字，記葉碼，最下記刻工。第一二卷接連，頁排長號，三四亦然。

歌詩編第一

隴西李賀

李憑箜篌引

「順治二年八月朔日山陰司馬氏珍藏」司馬、司馬印。此延令故物，見延令《宋板書目》。闕筆至「桓」字，南宋修板。紙爲乾道九年官牘紙，有宣州印，當即元至正丁丑復古堂重刊所引之宣城本。在宋尚有會稽、上黨二本，今俱不存矣。黄氏士禮居所藏馮鈔本，即從此出。又有金刊袖珍本，有箋注，無《集外詩》。此本四卷，憚□既證爲卷子本，而行格高廣悉與唐人寫卷相符，其原于唐卷無疑。斯昌谷集之最古者。復古堂重刊謂以上黨本爲最善，是本次之，若論古當推此卷子本矣。《集外詩》爲後來補刊，卷一首頁刊刻尤後，初審「桓」字字體刀法與他字迥殊，確爲後來剜補，是原刊當在欽宗之前。

眉注一：敬、驚、朌、泓、桓、絔下寫一畫。

眉注二：初刊卷一與前序相聯，序凡二頁，故卷一第二頁版心乃「四」字，南宋補版卷一首頁另起，而序後之四行無地排列，遂于每行加刊數字，版心頁數乃刊爲「一」之「三」，序亦非原刊，蓋與目録同時所補。

文氏家集六卷　十六册

萬曆本

莆田集三十六卷文徵明。南充王廷序、自序。

蘭雪堂詩選二卷文元發，字子悱。華亭馮時可序。

文温州詩不分卷文林，字宗儒。李旹題辭。

文和州詩不分卷文嘉，字休承。張獻翼序。

文博士詩集二卷文彭，字壽承。張翼鳳序。

文録事詩集不分卷文肇祉，字基聖。

徐公文集三十卷附録一卷　八册

鈔本，黄蕘圃以影宋寫本手校，今徐公集已有影宋刻本，取校黄校本，不同者三行如左：

集二第八頁十六行一條

集十二第十一頁四行一條

集十七五頁十行一條

卷十第十四應留白頁，又第十九，又卷一首葉葉碼應作「十一」，宋本與序目接連也。

三朝名臣言行録

卷一：十七頁原闕

卷三：三頁十一行「已而皇子御名遂定」此英宗御名「曙」字也。

又：五頁一行「已而契丹與元昊御名隙」此「構」字也。

七之一：八頁十八行「袁盎引却御名夫人坐」此「慎」字也。

眉注：琇、宁、讓、鷩、瑄。

鶴山先生大全集一百十卷　卅二册

宋刊孤本

辛酉九月十二從劉翰怡借來。首有淳祐己酉宛陵吴淵序、目録二卷。十一行十九字。缺卷：〡〧、〡〩、〣〥、〣〦、〣〧、〣〨、〤〣、〤〤、〤〥、〤〦、〥〸、〥〡、〥〢、〥〣、〦〥、〦〦、〦〧、〡〇〧，共十八卷。缺葉：卷一第一葉第二葉四行、卷十一第十一葉、卷十七第七葉、卷卅四第十五葉、卷四十第十葉、卷四十七第十七葉、卷八十二第六葉、第七葉、第廿四葉、卷八十七第二十二葉至末、卷九十第二葉、卷一百二第十一葉至末、卷一百九第一葉。涵芬樓活本六〇一號，缺〦二至廿、〡〇〦、〡〇〧十三行十六字。又抄本百九卷完全不闕，十一行十八字，亦題「重校鶴山先生大全集」，與活本同。

邛州知州吴鳳

郡後學王獒校正

學正李一陽

訓導周　南編次

兩漢紀

荀悦《前漢紀》三十卷，袁宏《後漢紀》三十卷，祥符中，鏤版於錢塘，版廢幾百年，再刻于紹興年間。汝陰王銍序云：「編修王公敦閲古訓，博極群書，其出使浙東，既刻劉氏《外紀》以足《資治通鑑》，又刻《舊唐書》，至刻此《兩漢紀》，其艱其勤，尤爲盡力。」蓋兩《紀》再刻于宋，而銍則與正文字者也。歷元而明，何舍人大復，得荀氏《紀》抄本于侍讀徐子容家，涇陽吕仲木氏復爲校正，付高陵令〔二〕翟清刊布，其序云「校仇無副，而袁氏《紀》尤所希覯」，是時止有荀氏本也。嘉靖間吴郡黄姬水重刻《兩漢紀》，云「原本宋刻，得自雲間朱氏」，意即銍所校仇本也。顧字句尚多舛訛，最後有「萬曆二十六年南京國子監鏤版」，差善黄氏刻本，而行世絶少。康熙中襄蘿邨取諸本互校，重雕于錢塘，撰《兩漢紀異同》一卷。

【校勘記】

〔一〕「令」，孫氏原稿誤作「舍」，徑改。

玉篇三十卷

法梧門抄本

缺上篇前半。此本與澤存堂本同。顧氏《玉篇》，本諸許氏，稍有升降損益。迨唐上元之末，處士孫强稍增多其字，繼而釋慧力撰《象文》，道士趙利正撰《解疑》，至宋陳彭年、吴瑞、丘雍輩又重修之，於是廣是者衆，而《玉篇》文非顧氏之舊矣。張本既與正本同，則亦重修本矣，乃删去重修之牒，詭稱上元本，而大中祥符所改「大廣益會」之名，及卷首所列字數，仍未及削改，可謂拙于作僞。

樂府雅詞　四册

四四六。鈔本，鮑以文校。分上、中、下三卷，《拾遺》二卷，與享帚精舍本同，粤雅本則作六卷《拾遺》亦作二卷。然次序篇數，均無大異也。卷下陳去非《雙荷葉》《臨江仙》二闋，抄本脱，應補入第一首《虞美人》下。又陳子高《攤破浣溪沙》，刻本在第一闋《虞美人》上，抄本在第五首下。卷中趙德麟《小重山》上，刻本有《好事近》一首，抄本缺。

曾端伯《樂府雅詞》，陳氏《書録解題》一十二卷《拾遺》二卷。此書抄自上元焦氏，止存三卷及《拾遺》，殆非足本。然藏書家著于録者罕矣。康熙乙酉，竹垞老人跋于闕慧慶僧舍，時年七十有七。

戊子冬日，借知不足齋本，并借飛鴻堂本同校。飛鴻詞多舛誤，不及此本之善。僅多曾慥引一篇，急録之卷端。又竹垞老人跋一首，并録于前。淥飲大兄當録一正本，此本幸見遺。空空玉屏道人江立記于古杭五楊寓廬。快雪時晴。

按《雅詞》卷數與《直齋書録解題》合，竹垞誤以《文獻通考》爲解題，作十二卷，非也。三卷計三十有四家，去取之意，未爲定論。《拾遺》所收，並及李後主、毛祕監之作，則又不止于宋人矣。惟卷首載「轉踏調笑」「九張機」「道宮薄媚」諸詞，爲他選所未及。而南宋以後詞人，藉此什存其五六矣。

皇元風雅前集六卷後集六卷　四册

日本翻元本

七三一。

前集

盱江梅谷傅習　説卿　采集

儒學學正孫存吾　如山　編類

奎章學士虞　集　伯生　校選

有至元二年歲在丙子八月辛巳邵菴道人虞集伯生題辭序言首劉静修，此却不然，次皇元風雅群英姓氏共一百十二人。

後集

儒學學正孫存吾　如山編類

奎章學士虞　集　伯生校選

有至元二年丙子盱江南隐謝叔孫子順父序，次姓氏共百六十三人。

本堂今求名公詩篇隨得即刊難以人

品齒爵爲序四方吟壇士友幸勿責其

錯綜之編倘有佳章毋惜附示庶無滄

海遺珠之嘆云古杭勤德書堂謹　咨

通鑑釋文　十二本

宋本

帖裝二函二匣，十一月十六日。每葉二十四行，每行三十字，小字雙行，即《百宋一廛賦》中所謂「見可釋鑑，音訓是優，被抑身身，耽與闡幽，行明字纑，終卷無修」者也。《潛研堂題跋》云「宋本藏齊女門内蔣氏」。今卷前有「勤有堂讀書記」朱文長方印，未知即蔣氏印記否。今歸烏程蔣氏。十萬卷樓從書橅刻，行欵悉依此本，惟魚尾不同，中縫小黑綫改粗黑線。

眉注：高六五，寬四三，卷三十宋葉新刻。

傳是樓書目　六册

舊鈔本

十一月十九日星六。有馬思贊、馬笏齋兩家藏印。王子美新刻本止于分類，而不以千文標厨名。此則有千文，又史部皆王本多地理志、别志、朝聘行役、蠻夷四類九十頁，卷首批「内有毛處志書，點出另存架上，計一百〇二部，另有目，不全。書内又一部，四十年十一月廿七，毛相公自來取去，目内勾去注明」，此必門僕所書，「毛相公」想即斧季先生矣。

蔣孟蘋家藏明本文山先生文集十七卷　十册

首載景泰六年乙亥姑蘇韓雍序，題書于巡撫江西之行臺，序言「予因按察副使陳價維藩請序其編次之由，不辭譾陋而書之」云云。《繡谷亭書録》云「《文山集》，元貞二年道體堂本三十二卷，此本併詩文爲十七卷，《别集》六卷，景泰五年吉州刊本」。今蔣本卷十五末有跋，題「道體堂書」，是與繡谷所見本同，惟無《别集》耳。每半葉十行，行廿四字，上下粗黑線。同時又見許伯明家藏本，欵式與蔣本同，亦缺《别集》，惟字跡略殊，蓋又翻刻前版也。卷一多《題六梅亭》《題古礀》二首。卷十一多《回鹽魁錢昇叟賀新塗》《回大庾縣尉劉天聲》二首。卷十五多《與府理錢昇叟》一首。魚尾上下黑線，中間有刻白文記字數者。卷五第一至四頁，魚尾上刻白文云「孝子張瑞重刊」，第六至第七頁，刻在魚尾下。張瑞氏履無考。此本爲張氏所翻刻，可無疑矣。

文山全集二十卷〔二〕　二十册

嘉靖三十九年吉安刊本

有羅洪先序，又有萬曆三年潘言揚後跋。卷一、二詩詞附，卷三之十二文，卷十三《指南録》，卷十四《指南後録》，卷十五《吟嘯集》，卷十六《集杜詩》，卷十七《紀年録》，卷十八拾遺，卷十九、二十附録。每葉二十行，行廿二字。

【校勘記】

〔一〕此條上原有孫氏注語，云：二月朔許博明來書四種。

誠意伯文集二十卷　廿八册

隆慶壬申刊本

隆慶壬申謝廷傑總序、洪武十三年葉蕃序《寫情集》、洪武十九年徐一夔《郁離子》、吴從善序《郁離子》、永樂二年王景序《翊運録》、宣德五年羅汝敬序《覆瓿集》。隆慶壬申豫章謝廷傑按行東浙屬太守陳君烈烈有後序萃諸文學重加訂正，付于良梓十行廿三。

此本印刷極精。

昭明太子集〔一〕

【校勘記】

〔一〕此條有目無文。

林和靖詩集四卷　四册

明萬曆癸丑喬時敏刊本

宋梅堯臣序、喬時敏序、題詞、像、張蔚然序。玉函山房藏書。卷一五言古詩、律詩。卷二、三七言律詩。卷四五言七言絶句、詩餘。《省心録》有嘉靖癸巳海寧許相卿叙，末册爲附録。葉十六行，行二十字。《省心録》《四庫》云李邦獻所作，誤以爲逋。今爲考辨釐正，别著録。道光甲申廣州本、同治本均無《省心録》。盧抱經《群書拾補》有校語據正統八年餘姚陳贇刻本正，康熙中長洲吴調元本，同治中長洲朱孔彰本即照盧本付刊。

唐李義山詩集六卷　二册

毘陵蔣氏本

始五言，終七言絶，爲六卷，毛本、席本皆三卷。十行，二十字，中間附小注「一作某」。自元遺山有「詩家總愛西崑好，所惜無人作鄭箋」，論詩之作，于是注家紛起，如明釋道源，近代朱鶴齡、程夢星、屈復、姚培謙、馮浩諸人，無不各出手眼，争爲義山功臣。其注本有仍三卷本之舊者，有改爲編年者。惟白文分類本則僅有此耳。

纂圖互注揚子法言十卷　二册

張閬聲影寫本

此與羅氏持至上海出賣本無異。卷六第十一、十二兩頁行欵亦與其餘不同。卷八第九頁，亦明補。瞿本卷十有脱葉，此本雖無脱葉，而末尾二頁，又是明補。瞿本宋咸序後有「今得監本」云云幾行，寫本失之。

後山詩注十二卷　四册

高麗活字本，翻弘治丁巳本

首載門人彭城魏衍集記，記低一格，録元城王雲題，以目録標注爲年譜，又任淵之刱例也，末有弘治丁巳石淙楊一清跋。半葉九行，行大小均十六字，魚尾下標題「後山幾」。

六書論正二十卷　廿五册

一名「許氏説文解字六書論正」。太倉王石隱育著，宋賓王校。有石隱自序、陳瑚序、陸世儀序。按王氏此書，卷帙浩博，自序云三十餘萬言，以李燾始東終甲之《五音韵譜》爲主，而始一終亥之原本，王氏尚未之見。凡新坿字，徐本另列于各部之末，是皆雜入，辨别無從，此經李氏編次故也。石隱未窺原本，而誤認之，故云分別部居，悉從徐鉉。首列凡例十四則，《字學源流説總論》十六篇，《二十八宿説》《由字説》《皇帝萬歲説》《學字説》《西隱説》陳遜記《字略》等篇。

萬季野史稿〔二〕　六十四册

舊鈔本

卷首列方望溪《萬季野墓表》，又有闕名跋，云「書賈持萬季野先生《明史紀傳》來售，以重價搆得之。其正編目録計三百十三卷，而續編不載卷數。正編缺者約二十卷，惜其書不全，爲抄《欽定明史》補之。《西域》四卷，書賈云他處有抄本可搆，其言未知信否，姑未抄以待之。其《續編》則全缺，無從抄補矣。考望溪先生《萬季野墓表》云紀傳四百六十卷，與此書多寡迥别，豈合續編而計其數乎？抑抄書者改易其卷數，而致不符乎？望溪又云其書具存華亭王氏，淮陰劉永正録之過半而未全，其即此册乎？抑非乎？故不可考矣」。按朱竹垞先生《萬氏歷代史表序》云歷代正史表六十篇，明史表十三篇，望溪墓表不言有表，豈亦未見耶？此書續編有年表，又不著十三篇，未知何故。

眉注：續編目云：别録、補遺、考異、年表。

【校勘記】

〔一〕題名前有「三月四日見舊鈔」若干字。

冠譜不分卷　一册

抄本

涵芬。子一〇二一。首有永樂甲辰端月初吉，奉議大夫刑部員外郎吴郡尤芳序，謂「武陵顧孟容多能藝，凡所製之冠，必遵古法。而近世莊居敬製冠之精妙，孟容則出其右矣。若夫刑曹陳元宗、包山徐木石，亦求冠於孟容，遂與坐而論焉。一日，孟容持《冠譜》乞序于余」云云。按所列冠圖凡八十五種，每種皆有名有説，如云司寇爲先聖爲魯司寇之冠云云，不知何據。馬寒中以朱筆校，有跋。

康熙戊辰歲夏五，借竹垞十兄所藏汲古閣鈔本校之，惜毛氏亦有俟考之説，洵善本之難得也。寒中馬贊〔二〕校畢并識。

【校勘記】

〔一〕「馬贊」疑爲「馬思贊」之誤。

北宋本李賀歌詩編四卷〔一〕

每卷題「李賀歌詩編」，或題云「歌詩編」。次行題「隴西李賀」。卷前載杜牧序及總目。每葉十八行，行十八九字不等。白口，魚尾下標「李賀」二字，並記刻工姓名。宋諱避「廓」「敬」「驚」「鏡」「桓」「絙」等字。是北宋欽宗時刻本。四卷蟬聯而下，不隔流水，尚存唐人卷子本舊式。用乾道九年富順紙印。宋吴正子翻蜀本、姚氏本皆二百一十九篇，宣城本二百四十二篇，此本有集外詩二十三首，適符二百四十二篇之數，是即宣城本矣。目録及集外詩皆南宋增添。北宋版序後即接正文，南宋增入目録，葉號不相銜接，故另刻卷一首葉，而中縫葉號作一之三，是所謂宣城本者，乃南宋得北宋墨板增補印行之本。幸其刻畫顯然可辨，原槧佳處迥非後來所能掩也。卷二《三月過行宮》川本、金本在卷一。卷四《巫山高》在《上雲樂》下，川本、金本在《箜篌引》下，《瑤華樂》《相勸酒》《北中寒》

《梁臺古愁》《公無出門》四首次序亦與别本不同。其異文如《雁門太守行》「甲光向日」，此作「向月」，「塞上」此作「塞土」。《高軒過》「東京才子文章鉅公」，此作「東京才子文章公」，「元精照耀」此作「九精照耀」。皆有妙理。明時藏張米菴家，元闕三葉，屬其甥文柟寫補。其後，迭爲玉蘭堂、傳是樓、季滄葦所藏，卷中並有各家印記。

【校勘記】

〔一〕此篇孫氏原稿中爲藍色鉛字排印。

宋蜀本李長吉文集四卷　一册

卷目第二行題「李賀字長吉」。每卷次行皆標「歌詩」二字，前有京兆杜牧序，中縫標「吉幾」，其字均作行書。次第篇數與瞿氏藏金本《李賀歌詩編》同，惟金本題目中多脱字，且有譌誤。

宋蜀本許用晦文集二卷遺詩拾遺附 [redacted]冊

卷首題「許用晦文集卷第幾」，下空四格，題「丁卯集目録」，次行題「許渾字用晦」。上卷七言律，下卷五言律句。卷首第二行皆題「雜詩」，間有自注字句，與他本異者，注「一作」于其下。下卷後有總録三葉，記自别本增入篇數，題「政和辛卯吴門昇平地弟水軒方回手校」。所舉有括蒼葉氏、白沙沈氏、京口沈氏、華亭曾氏諸本，及《擬玄》《天竺》《本事》等集。按用晦自序，本三卷，宋本無自序，凡五百篇，後世傳本止兩卷，三百七十六篇。此本賀氏增至四百五十四篇，爲最多。末又附遺詩（總目稱遺詩，卷中又題拾遺、）拾遺，凡六十篇，不知何人所輯。《直齋書録》言蜀本有拾遺二卷，陳氏所見即此本也。

宋蜀本孫可之文集十卷 一冊

目録次行題「孫樵字可之」，中縫標「可之幾」。首載中和四年自序，其次序一卷賦，二卷、三卷書，四卷以下皆題「雜著」。明正德丁丑震澤王氏刊本行款與此同，而卷二與卷三互易，自當以宋刻爲是。汲古閣本卷八《唐故倉部郎中康公墓誌銘》脱「楊岩」以下二十四字，此刻獨全。

宋蜀本鄭守愚集三卷　一册

目録及卷首皆標「鄭守愚文集」，下空幾格題「雲臺編目録」，次行題「鄭谷字守愚」，中縫標「鄭幾」或「谷幾」。每卷次行皆題「雜著」，前有自序謂「拾墜補遺，編成三百首，分爲上中下三卷，目之爲雲臺編云」。

宋蜀本司空表聖文集十卷　二册

目録及卷首皆題「司空表聖文集」，下空三字題「一鳴集」，中縫亦題「一鳴幾」。目録次行題「司空圖字表聖」。前載自序，末題「有唐光啓三年泗水司空氏中條王官谷濯纓亭記」。此本有文無詩。《直齋書録解題》云蜀本但有雜著無詩。此本一卷至四卷，七卷至十卷皆題「雜著」，然則陳氏所見即此本矣。

宋蜀本張文昌文集四卷 ■册

卷首題「張文昌文集」，中縫標「昌幾」或「文昌幾」。目録次行題「張籍字文昌」。每卷題前皆標「雜詩」二字。每葉廿四行，行廿一字，白口單邊。《直齋書録》所載與明人刻本均作「張司業集八卷」，以樂府首卷，絶句繫後。此本無張洎序，以五言律句爲始，樂府居末，編次絶異。此集下載皇甫持正等六種，皆有楷書「翰林國史院官書」長方木記，及「潁川劉考功藏書印」，莫友芝云劉燕庭藏宋刻《唐三十家文集》係劉公戩及翰林院官書，與此正同。惟書内無「東武印記」，則此又三十家以外之本矣。翰林國史院印、瞿氏鐵琴銅劍樓目録以爲明代鈐記，考翰林兼國史院惟元有此制，是在元時已極珍重，況今又歷五百餘年也。七種款式皆同，紙墨一色，蓋模印亦出於一時。此本流傳已稀如星鳳，惟聊城楊氏有《孟浩然集》，常熟瞿氏有殘本劉文房、劉夢得《姚少監集》，今一朝而得完善者七種，洵藝林之佳話，書城之鴻□矣。

宋蜀本皇甫持正集六卷　一册

目録次行題「皇甫湜字持正」，中縫作「正幾」，汲古閣本、藝風堂本第五卷《吉州刺史廳壁記》下有《睦州録事參軍廳壁記》，此本不載，想别有所本也。自《張文昌集》至《司空表聖七種》均同一板刻，其字畫紙墨，與宋時浙閩刊本不同。諸集編次亦異，瞿目有川本之説，以未得佐證，猶作疑辭。按《直齋書録解題》，《王右丞集注》云「蜀刻唐六十家，多異於他處」，《丁卯集》云「蜀本有《拾遺》二卷」，《一鳴集》云「蜀本但有雜著無詩」，所舉皆與此本相合，其爲蜀刻，可無疑矣。至雕刻年分，當在宋光宗之世，以《皇甫持正集》中「敦」字缺筆知之。黄蕘圃云「南宋初年」未確。

宋本竇氏聯珠集　一册

唐褚藏言編竇氏五子常、牟、群、庠、鞏爲集，不分卷，無目録，析每人詩爲一卷。詩首各列小傳，此宋淳熙五年王崧寫刻本，詩作楷體，跋作行草。字蹟極古雅，宋刻中最精善之本。每葉十八行，行十七字，白口單邊。上有字數，下有刻工人名，只一字。魚尾下「聯珠集」三字。宋諱「貞」「朗」「眺」「徵」「曙」「樹」「結」「構」均闕末筆，汲古閣刻本有脱誤，微此本無以訂正也。舊藏士禮居，《百宋一廛賦》載之。

宋本山谷琴趣外篇三卷　一册

卷首標「山谷琴趣外篇卷之幾」，調低三字題作雙行。目録及卷一次行皆題「南昌黄魯直庭堅」。每葉二十行，行大小均十八字，中縫上下小黑線，魚尾下記「谷幾」，或不記。汲古閣本《山谷詞》一百八十一首，此本多《滿庭芳》調「妓女」一闋，凡一百八十二首。次序先後亦與汲古本不同。按宋人詞集題「琴趣」者罕見，通行汲古閣本《晁無咎詞》尚存此名，想所據尚是舊本。朱竹垞《詞綜序例》載山谷、閒齋二家，《四庫提要》所見又多歐陽修、葉夢得三〔二〕家，亦並題「琴趣外篇」，惜不詳所見是何本也。今醉翁、閒齋、無咎，吴氏已據影宋鈔本摹刻，此宋刊山谷一家與吴氏新雕本比較，款式悉同，乃知宋時坊肆彙刻名家詞集，以「琴趣外篇」標立名目，亦猶《直齋書録解題》載長沙書坊刻南唐二主詞以下九十二家號「百家詞」也。吴刻三家依據影宋鈔本，究非真蹟，此據宋槧影印，自更可貴。山谷詞之大家，而宋刻流傳惟聊城楊氏有宋乾道刊《大全集》一卷本單行本，今惟見此。《曝書雜記》引錢天樹手批《愛日精廬藏書志》謂古豐張氏有宋版《琴趣外篇》，乃歐陽、山谷、淮海三人之詞稿，今淮海未見，歐陽不完，惟山谷巋然獨存，豈非僅見之秘笈哉？首尾有華復誠存叔元皋山人等印記山人無錫人，生明萬曆中，與兄復初並好藏書。

【校勘記】

〔一〕「三」，疑誤。

穆天子傳　一册

莫楚生藏妙道人吴志忠校宋本

涵芬有兩抄本，一四六〇乾嘉二十一年丙子盧文弨本，周星詒舊藏，即所謂《道藏》本，係錢唐趙君坦從吴山《道藏》校録者，大致與天一閣刻本同。一一七五明吴匏菴手抄本，張米菴舊藏，注比別本較少，不知所據何本也。壬戌六月十二記。

類編草堂詩餘四卷〔一〕 四册

明嘉靖中何良俊刻本

有序，此本失之。卷首題「武陵逸史編次，開雲山農校正」。半葉十一行，行十九字，白口。紙墨頗精。汲古閣本似從此本出，惟無《詞話》，不及此本之完善。雙照樓及《四部叢刊》皆據明刻有注本，又分春景等類，與此本截然不同此題類編謂分小令、長調耳。

【校勘記】

〔一〕此篇題名後有孫氏小字注：以下三種皆在李子東處見，11/6/22。

松雪齋詩集二卷 二册

明正德刊本

首載戴九靈序，黑口版。《四庫》存目載別本《松雪齋》二卷，云「此本爲明江元禧所刊，後有萬曆甲寅跋，稱文敏文集湮没，因檢枕中所藏，兼以耳目所覩記流通之，蓋元禧未見全集，故復搜輯爲此本也」。今知萬曆本即從此出，江氏云云盡是掩飾之辭，亦可見是刻之罕傳矣。

神僧傳

明初刻本

元槧清容居士集

卷三十三表誌類《西山阡表》於其祖諱均缺末筆，如「似道」作「似道」，「皋」作「皋」，「昇」作「昇」，「韶」作「韶」，「洪」作「洪」，「轂」作「轂」六世祖諱「轂」則避，五世祖諱「謂」則不避，「爕」作「爕」。

蕘言　一册

《述德繼事詩》《省餘遊草》，凡七律若干首，後有跋數行，全書不過十餘頁而已。

四朝名臣言行録〔一〕　二册

宋巾箱本

卷三、四。半葉十四行，十九字，四周雙邊，小黑綫口，上有字數。

【校勘記】

〔一〕此篇題名前有孫氏小注云：壬戌八月見傅沅叔殘宋本三種，記之如下。

唐百家詩選　二册

北宋本

卷九十。半葉九行，行廿字，左右雙邊，中縫標「唐詩選幾」，下記刻工。

元豐類稿

宋本

卷九數頁。半葉十二行，行廿字。《張久中墓誌銘》題下夾注，云「此文有兩篇，意同文異，一篇附于本卷末」。

小淥天叢鈔書前書後題跋

阮孝緒七録序目牛弘請開獻書表毋煚古今書録序鄭樵校讎略跋

乙卯夏秋之交，博覽宋以前諸家簿録，乃知古人之於此學，誠有登廣川大陸，會三光五嶽之氣，一覽而盡陰陽慘舒之變之槩自。後世爲之，便如骨董家説寶，此乃賈豎之業，而非通儒之學矣。手録阮孝緒、牛弘、毋煚、鄭樵四書，時時抽讀，有餘味焉。希昭女史爲我手寫《隋書·經籍志》，亦此意也。丙辰六月二十九日留菴揮汗記於上海寓廬之北牕。

又跋：毓修案，漢哀《七略》之文，晉分四録之目，簿録之學於是興焉。如登廣川大陸，會三光五嶽之氣，闢明闔晦，轇轕降升，一覽而盡陰陽舒慘之變也。歲歷緜眇，數窮五厄，寶軸錦標，一時燔蕩。即其目録，亦已俄空，未嘗不臨文結想，望古遥集。《七録》雖亡，猶存其序，徵今信古，詞旨明暢，少而習焉，長更傾慕。《隋·經籍志》多本此録，手寫一通，用備遺忘，閒采志語，取資疏證。乙卯九月，小緑天記。

又跋：毓修案，里仁此疏，上於開皇元年，上納之，于是下詔：獻書一卷，賚縑一疋。一二年間，篇籍略備，里仁據以譔《開皇四年目録》《隋志》云「四部目録」。王劭並有《開皇二十年書目》四卷，《隋志》又有闕名譔《開皇八年四部書目》四卷。許善心效阮孝緒《七録》，更制《七林》，各爲揔叙，冠於篇首。數年之間，目録四見，可謂盛矣。里仁之功，豈不大哉！乙卯八月，手寫訖工。

又跋：毓修案，《舊唐書·馬懷素傳》：是時祕書省典籍散落，條疏無序，懷素上疏曰：南齊已前墳籍，舊編王儉《七志》。已後著述，其數盈多，《隋志》所書，亦未詳悉。或古書近出，前志闕而未編，或近人相傳，浮辭鄙而猶記，若無編録，難辨淄澠。望括撿近書篇目，并前志所遺者，續王儉《七志》，藏之秘府。《新書》云：自齊以前舊籍，王儉《七志》已詳，請採近書篇目及前志遺者，續儉《志》以藏秘府。上於是召學涉之士，國子博士尹知章等分部撰録，并刊正經史，草剏首尾，會懷素病卒。又《褚無量傳》：開元初，拜左散騎常侍，復爲侍讀，以内庫舊書自高宗代即藏在宫中，漸致遺逸，奏請繕寫刊正，以弘經籍之道。玄宗令于東都乾元殿前施架排次，大加搜寫。六年，駕還，又敕無量於麗正殿又稱麗正書院，開元十三年改爲集賢院，以續前功，明年病卒。又《元行沖傳》：先是，祕書監馬懷素集學者續王儉《七志》，左散騎常侍褚無量於麗正殿校寫四部書，事未畢而懷素、無量卒，詔行沖摠代其職，于是行沖表請通譔古今書目，名爲《群書四録》。以此言之，蓋懷素、無量同校祕書，編造目録，斷自宋起，而宗仲寶一派。元行沖受代，更其成説，編輯不斷代，分類則宗公會一派。然《新唐·韋述傳》：述與諸儒即祕書續《七志》，五年而成始於開元五年，成於十年，蓋述與懷素同修祕書，故竟其志也。《唐會要》：開元七年九月，勑令麗正殿寫四庫書，各於本庫每部別爲目録，有與四庫書名不類者，依劉歆《七略》，排爲《七志》，是唐時簿録，固二體並行矣。懷素時，分部撰次者，尹知章等二十一人《集賢注記》前後總二十六人，《通鑑》二十人。殷承業、徐楚璧是正文字。元行沖乃令毋煚《玉海》《文獻通考》作「毋照」、韋述、余欽總緝部分：殷踐猷、王愜《唐會要》作「王恢」治經，述、欽治史，毋煚、劉彦直治子，王灣、劉仲丘《藝文》作「王仲丘」，《會要》作「劉仲」治集。八年春，撰二百卷，奏上之《會要》開元九年十一月十三日丙午，左常侍元行沖上《群書四録》二百卷，凡二千六百五十五部，四萬八千一百六十九卷。《四部序例》韋述撰，毋煚又略爲四十卷，爲《古今書録》奏上，賜銀絹二百《會要》，大凡五萬九千五百餘卷。又撰釋道、經戒、符録，爲《開元内外經録》十卷，大凡九千五百餘卷。改舊傳之失三百餘條，加新書之目六千餘卷，凡四録四十五家，三千六十四部，五萬一千八百五十二卷，分四十類，並有小序，詞簡事具。其書不著録於《舊唐志》，而《新唐》有之，《崇文總目》已不著録。劉氏修志自云「録開元盛時四部諸書，以表藝文之盛」，故採取毋書，以實經籍。然煚之撰集，依班固《藝文志》體例，諸書隨部，皆有小序，發明其指。劉以紀録簡編異題，卷部相沿，序述無出前修，今之殺青，亦所不取，但紀部帙而已。釋道之録，亦未采入，唐人丁部諸書，劉書殘闕，今亦無考，惟其序文，志略載之，煚之旨趣，犂可表見。此猶《弘明集》内，獨存孝緒《七録》之序，一話一言，後人皆當視爲至寶也。煚與諸人同修官書，奏上之後復有譔述，必旨趣未伸於同列，故孤行别見於是書。同時韋述亦别撰《集賢書目》一卷。

又案：開元藏書有舊、新二本。舊者是梁、陳、齊、周、隋代所遺，而貞觀、永徽、乾封、總章、咸亨所遺者，亦稱「舊本」《會要》。隋舊書用南陵麻紙寫作，蕭子雲書體，赤軸綺帶，最麗好《注記》。新寫書皆以益州麻紙寫，所謂太府月給蜀郡麻紙五千番，季給上谷墨三百三十六丸，歲給河間、景城、清河、博平四郡兔千五百皮爲筆材者也。其集賢院御書，經庫皆鈿白牙軸黄縹帶紅牙籤，史書庫鈿青牙軸縹帶緑牙籤，子庫皆雕紫檀軸紫帶碧牙籤，集庫皆緑牙軸朱帶白牙籤《舊·志》，圖書紫軸緑帶《注記》。乙卯八月留庵手寫並跋。

詒經堂續經解跋

常熟一隅，藏書之風歷久不衰，近百年來藴鑒古之識而兼著作之才者，惟愛日精廬主人張月霄而已。所著如《廣釋名》《漢五經博士考》《愛日精廬藏書志》《金文最》，固已家有其書，惟寫定《詒經堂續經解》流傳未廣，雖收藏家亦罕能舉其名。稿本今藏上海涵芬樓，毓修借讀一過，粗能語其梗概焉。書名《續經解》，故已見通志堂刻本者不録，《四庫》所録《永樂大典》本皆元明以來不傳之秘，故所收獨多，而已見武英殿聚珍版書者亦不録，《四庫》未收之書採獲亦復不少，此去取之微旨也。顧既收《儀禮》《穀梁》單疏，而不及

《爾雅》，既收魏文靖《周易要義》《儀禮要義》，而不及《尚書》《禮記》《春秋左氏傳》，未知何故。涵芬樓又藏詒經堂寫本《詩傳通釋》《詩説解頤》《禮記纂言》《春秋胡傳纂疏》四種，目中皆不列，是所寫不止一本也。此本部帙悉與月霄自撰目録及《言舊録》合，其爲定本可知。舊藏太倉顧氏謏聞齋中，有殘闕，顧氏補寫數種，而闕者尚有十餘。今張菊生學部旁求博訪，或録自張氏原書，或借摹宋元舊槧，精審不苟，有功此書不小矣。全書繁重，力不能録副，僅寫其目，並採諸家記載與是書有連者爲附録云。辛酉浴佛日留菴居士孫毓修識。

鐵橋書跋跋

鐵橋書後如干首，去冬屬館僮之工書者從漫稿中録存，尚當輯補也。壯年慕儷體文，偶在江陰考市購得《全上古三代六朝文》，讀而慕之。《儀顧堂集》中有《致繆筱珊書》，頗訾議先生，亦見其不知量而已。丙辰新曆六月廿八日梅雨大至，屋漏牀牀，未能赴館，適有人惠贈日本小羊穎，乃以之手寫目録。留菴并記。

武英殿聚珍版書録

武英殿聚珍版書者，因開《四庫》館時校輯《永樂大典》逸書，並直省進到之遺書秘籍，詔擇世鮮傳本足資考證者，剞劂流傳，嘉惠來學，而部帙既衆，雕刻需時，如以活字排印，則用力省而程功速。康熙中印《圖書集成》固以活字。董武英殿事金簡，高麗人也。活字印書早行於彼國，因以此説進。高宗韙之，以活字之名不雅，賜命聚珍版，剏議於乾隆三十八年癸巳，印行於三十九年甲子。每種冠以御製詩並序二葉，第三葉爲本書目録。目録第一行下空數格，題「武英殿聚珍版」六字。目録畢，緊接提要，並總纂、纂修官名。每葉十八行，每行二十一字，四周雙邊，高工部尺六寸一分，寬四寸，魚尾上記書名，下記卷數，勘校人名均於逐葉版心下方恭記，或僅於卷後一見。間有行末字脚出於闌綫之外者，蓋印成格紙後再印字。金簡奏中所謂「套板法」者是也。當日排成一種，板即散去，改排他書。據王際華、金簡奏，每種僅刷印連四紙二十部以備陳設，竹紙三百部以備通行，書之少見可知。而今聚珍本零種有絶不可得者，亦有時一遇之者，蓋官印之外，復有私印。

其紙墨精湛，用青絹或松江粉黄箋作書面者，爲官印本。私本雖不及官本之精，幸得藉以流傳。今絶不可得之《舊五代》等書，大抵當時未有私印本。陸續印成之書，其奏聞者，惟三十九年十二月二十六日王際華等奏武英殿排印各書：今年十月間曾排印《禹貢指南》《春秋繁露》《書録解題》《蠻書》共四種，《鶡冠子》一書現已排印完竣。四十一年十二月二十二日金簡奏：三年以來，排印過書籍約共三十餘種，均見《武英殿聚珍版程式》。五十五年，排印《萬壽衢歌樂章》，見本書。乾隆丁酉九月，頒發印本於東南五省，勑所在鋟勒，通行一時。承命開雕者：浙刻袖珍本，前後三單三十九種；江南所刻板式同浙，數則未詳；贛刻五十四種；閩刻一百二十三種光緒間修版，增刻二十一種爲最多，亦尚未盡一百年來武英殿原本。零種偶有流傳，完書早已罕見。所印實有幾種，言人人殊。唐棲朱氏《彙刻書目》載一百四十種，據毓修所聞見，益以嘉慶間續印之書，則朱氏猶有遺漏也。今據朱目正其卷數，附以補遺，寫定一單，良便搜訪，輒疏記得書歲月於下，蓋仿《佳趣堂編年書目》例也。按聚珍版書，《永樂大典》本居其大半，此皆元明以來海内學人想望而不得者之書，一旦刊布，遂得家弦户誦，視若尋常，而忘帝力於何有，好古之士或因此而訪得原槧，或據此而更爲增輯，其關繫於一代之學術者甚大。今收藏家得一明活字本，珍爲希有，此皇皇鉅製，所印皆有用之書，而足以考見有清典章文物之盛者，惡乃以其近而忽之哉！

永樂大典本杭州府志西湖老人繁勝録跋

甲寅冬，有傅沅叔在京得《永樂大典》一册，以銀百元售與武原張菊生參議。其書託繆筱珊編修携來上海，予首得見之。其七千六百二卷爲徐一夔《杭州府志》五十一至五十二卷；七千三百三卷爲《西湖老人繁勝録》，首尾完善。參議録出，交商務印書館用活字擺印。今栞入《涵芬樓祕笈》第三集者是也。曾由吴子修學使校勘一過。惜擺印本未依原書欵式，又删去卷末「至治正㐅誌」一行及寫校人銜名六行。丁巳夏日，梅雨不休，小牕多暇，與吾妻顧希昭合寫一本，以存其真。無錫孫學修書。

南樓憶舊跋

右舅氏作舟教諭遺文，甲寅冬間依其家譜所録存者也。《行述》云：有《讀史備忘》

《史事類編》及《駢體文》，皆未見，惟《半讀齋課徒草》有行本耳。舅氏擁皋皮數十年，一時攻帖括者多從之遊，聲名藉甚。長於先君六歲，先君少治舉業，亦奉舅氏之教，顧獨踽踽踽踽，伏處鄉里，未及中年，絶意科舉，苦志勵行，敝衣惡食，窮究漢儒訓詁、宋儒性命之學於荒村老屋之中。四十歲後，手注《禹貢》累數十萬言，成一家之書。先君之行可謂高矣，學可謂卓矣，然名不越閭里，身未致通顯，先君寧不知所爲之違俗而一往不顧者，亦各行其志而已。每念吾舅爲一鄉祭酒，其所以不朽者，當自有在，區區八股家言固不足以盡之也。即其家以求之，而諸郎殂謝，遺書數架，盡飽蠹魚，所可見者惟此，慰情勝無聊，寄渭陽之思而已。毓修十七歲執筆爲科舉之文，舅氏向先君索觀已，又出「孟子去之」題命作，如命呈閲，頗承獎借，語先君曰：是兒也才，其善視之。光緒己丑春，先君病肝甚劇，危迫中，欲以藐孤相託，舅力主爲迎新婦歸，以主中饋而保門祚。先君病中，嘗以事怒責不肖，舅氏聞之，遺書解慰。時目疾已深，作字頗艱，此書筆畫如老梅横幹，字大如番錢，五六紙乃盡，書畢命一介馳至，墨瀋猶未乾也。是年秋，感暑疾卒。先君病中聞耗，力疾往弔，輓聯有「嘆畢世都爲作嫁忙」之句，嗚呼，舅氏之生平，先子知之矣！以舅氏之才力，充其學之所至，何難成一周犢山無錫西鄉人有著作傳世者，惟周懷西先生，有《犢山類稿》十四卷！有詩文數十卷傳，後乃以工於帖括爲人所嬲，致盡耗其精力，千秋之業反以餘力爲之，先君故深惜之也。舅氏之知己，非先君而誰也？二老交誼若此，爲之子者已不能忘，況自出之深恩、少年之知遇並集於當躬者哉！禮無不報，今犬馬之齒已過四十，寂然未聞，所以爲報者，是可媿也。他日先君遺書刊成，當刊此以傳之。乙卯十二月外甥孫毓修謹書。

留庵文存自序

食貧居賤四十餘年，生平事事不如人，念文字求之在我，於此討活計，又何暇與世争他事也。窮年傭筆爲己者少，爲人者多。既未能多讀古人書，海内耆宿多結縞紵，體羸多病，不耐周旋遊讌之歡，歲不數集，以讀書之寡，與師友之踈，則所謂文字者亦無足觀，而所志又安在哉？丙辰之秋，有志學佛，觀空遣慮，一切皆忘，檢所剩稿，有《藏書叢話》十六卷、《古今書目考》三十卷、《永樂大典録出書考》六卷，所作文已刻未刻者數十篇。念疇昔所費心力爲之者，因抄録一本，藏之於家，張石州云：學人一生精力盡於故紙堆中，但冀得閻顧之年，畢成所撰諸書，取平生文字選次校梓，便可無憾。予之所爲，不逮石州遠甚，而文人結習大抵相同，聊復鈔存，他日冀得有道而正之。丁巳春月，無錫孫毓修書。

聖蹟圖序甲寅冬

人生聖賢之後，遠者數千年，近亦百數十年，固不能同時也。即生同時矣，往往山川異處，天各一方，徒縈寤寐之求，莫遂羹牆之慕，此誠事之無可奈何者，而幸有圖畫以濟其窮焉。蓋傳聖賢之謦欬者具於書，傳聖賢之形蹟者具於畫，如是則千萬年如一日也，千萬里如一堂也。且畫之顯而易見，足以資通人學士以及婦孺之觀感也尤甚於書，所以漢時宮中屏風盡畫古賢象以爲鑑誡。今山東嘉祥縣石室所存漢畫皆古聖賢剏制勵學之事，宋人所刻《列女傳》並附畫象，其意亦若是已。孔子爲萬世師表，有血氣者莫不尊而效之，微言大義，載於六經，自非誦其詩讀其書不能通其道，而欲使孔子之道如水火之無不知，如日月之無不見，則莫如廣布圖畫，人得而藏之，雖不識字者，亦扗扗處處如見聖人，敬愛之心有不油然而起者耶？嘗覽唐宋名畫録有《聖蹟圖》，知古者良工寫畫，必取其有補於世道人心者而作焉，非苟然而已也。今其畫亡矣，後人即懷此志，然不求古本，即憑近世之畫師依稀想像而摹吾夫子之衣冠道貌是褻也。及見元人王孤雲手畫《聖蹟圖》，布景設色皆非近世所有，穆然如見燕居申申，與夫一車兩馬，悲天憫人，栖栖遑遑之概也。孤雲生當民國前七百年，其所據當是唐宋古本，而非依稀想像以摹吾夫子之衣冠道貌也可知。繼復得顧其畫自降生至於崇祀，訖十幅而止，證以《史記·世家》，則其事之遺漏者多矣。明萬曆時石刻《聖蹟圖》，其氣象無不與王孤雲本相似，而畫跡之詳較逾十倍，其序跋謂萬曆以前傳有木刻，因木之腐不如石之堅，故以易之，是知此雖刻於明，其所依據者猶是唐宋舊畫，誠古本之獨存者也。凡刻本書愈舊則愈佳，而況於畫乎！毓修於拓本中擇其尤要者，得三十二幅，據以臨摹，堅約畫者纖悉不可改易。圖成，爲據史傳録其遺事附於圖後，聚圖史於一帙，自此以後，吾夫子之衣冠道貌流布天地間，無論何人皆知以孔子爲歸，關係於人倫道德者，豈不至重而且大也？

古今書目考叙乙卯秋

先聖删《詩》，別爲之叙；後鄭注《禮》，爰立之目。目録之興緣於經典乎？史官典籍則有目録以爲紀綱，故漢哀《七略》，唐分四部；薛夏建議，内外始分；鄭默勵精，朱紫斯別；江左喪亂，漸更鳩聚。丘深之集義熙以來，王仲寶録元徽所收。梁有東宫，陳撰德教。開皇標香厨之名，大業傳正御之目。崇文中興，均詳流別。文淵祕閣，但記書名。清朝則建七閣以掎書，襲四庫而編目，是皆依公曾之部居，刊弘度之甲乙者也。史臣録前代之書，漢稱藝文，隋號經籍，累朝沿革，惟此二名。鄭漁仲之《通志》，焦弱侯之《國史》，亦附斯例，廸資發明。梁室篇章極盛，王公搢紳之家，莫不蓄聚墳籍，于是孝緒撰其《七録》，平原集夫《四部》，私家目録，繇此濫觴。《東齋集籍》，繼芳躅於初唐；《邯鄲圖書》，扇流風於皇宋。剖析條流，公武成讀書之志；總録異本，遂初倡版本之風。洎乎明世，風會又別。凡屬宋槧舊鈔，悉同天球河圖。蓋以去聖日遠，古本益稀，憭惑條紛，存亡起廢，依據舊本，猶爲近之。則如汲古寫其祕篋，延令别其宋元，絳雲矜其燼餘，海源寶其隅録。乃至殿啓昭仁，天子平分佞宋之癖；樓開傳是，名卿有味震川之言。又何論敏求作記，竹垞賺以青裘；語古有録，義門祕之巾廂也已。更如搜緝蕞殘，邵亭肇雲煙之録；追尋掌故，甘泉著暴書之記。玉堂慕蘭陵而論詩，思適過宋廛而作賦。綜當今之巧製，合往世之名篇。宫商寧共音而皆娱于聽，藍朱詎同色而互成于文。厹足撮壤崇山，助涓宗海者也。原夫覩物者，必于其會絣水知天下之流，堂陰見日月之行。理則固然，然未若三光五岳，一攬而盡陰陽慘舒之奇；渤澥崑崙，厹列而翫照乘連城之態。目録之要，其在於斯。至于輓近諸家，治之可知古籍之存亡，考今書之完闕，辨鈔刻之美惡，識傳授之源流。上不没儲藏家之苦心，下以津逮來者。顧千里曰：易散者書，可傳者目。是以愛日忘懷於聚散，抱沖纏恨于因循。然而隋人目録，司農濡之于底柱；宋齊官簿，元祐求之于高麗。向歆真本，賴洪氏之緝成；王歐官書，存文忠之叙釋。處士《七録》，僅見於《廣弘明集》；縣尉五疑，幸收于《舊唐書·志》。《永樂大典》得直齋之廿卷，《文獻通考》開國史之九朝。蘇軾之序山房，不存隻字；許棐之述梅屋，靡有片言。當其盛也，或抽毫中祕，押書尾而恭斟；或趨步明光，結古歡而陶寫。皆千聖精神之所寄，一生心血之所聚。大則頒行于海内，小亦傳刻于藝林。及今考之，十無一二，此猶可諉之曰古也。則有蕘圃未見之目，南澗所藏之書，劉踈雨之暝琴，惠紅豆之百歲，以及樂意津逮，水西塾南，時逾十世，事隔百年，亦復劫遇三窮，運隨七厄，同蓬山之墜簡，等《酒誥》之俄空。徘徊今古，竊用慨然。毓修内寡掎蓄，外好搜羅，不能多致典墳。每思覽其名簿，雖未克窮究流略，闚見秘奥，而某家某録，惝悉其名。若見若聞，常恨其少。悲往籍之日喪，懼來者之無徵。遂總括存佚，撰爲斯集。起自前古，汔于今兹。挹其風流體製，踈其遺文逸事，次其時代，别其類目，得書六百餘種，計卷三千有奇，離爲十卷。約文緒義，具見本書。踈漏殊多，牴牾不免。儷經義之考所未敢言，擬《文選》之名聊供排比。歲陽旃蒙，歲陰單閼，重九後廿日，無錫孫毓修謹叙。

眉注一：「後鄭」句義甚堅，可惜在劉向之後，能於秦以前覓得一證尤佳。

眉注二：「梁室」之句不甚合駢文中之奇語，或改作偶句何如。

眉注三：不必用五字句。

旁注一：長句非古法，宜改。

旁注二：與「渤海」等不甚貫串，宜改。

眉注四：意偶而句有長短，自是古法，然施之此文尚不甚合。

篇末墨筆批語：此文足傳，故刻意挑剔，細心修飭爲要。文格僅能及唐代，而中間有用魏晉人之法，又或用趙宋以後之長句，均宜改去。題名「書録」，「録」不大方，必須改定。

其後又有孫毓修語：此寧海章一山先生所批示也，他山之助，敬誌弗諼。齊梁駢體與三唐體格界限甚嚴，而其别又在毫釐之間。此非悉心體會，不能辨也。大約齊梁體格只好有情韵，不可有興會。逐句斟酌時，往往不覺其病。完篇之後，通體看去，再經通人一指點，自知其有不合處。若功夫純熟之人便無此弊。仿齊梁竟是齊梁，仿三唐竟是三唐，仿宋人竟是宋人，便不妨事，大忌是雜。

渭陽思舊録序乙卯十一月二十四日雨窗

陽湖洪北江先生，少依外家，中年以後，時念及之，乃有《南樓紀事詩》四十篇、《外家紀聞》一卷。余之爲此，文采不及，而以寄魚鳥之思，致今昔之感，則猶前人之志焉。綜所閱歷，比於北江又有異同。方余之少，外家殊盛，中外則雙丁二到，不乏奇童，弟兄則羯末封胡，並饒道韞，此其同也。予弱齡喪母，父實奇愛，衹以穉子之性，畏父暱母，母既逝矣，視爲至親，莫如外氏。非若洪氏迫於飢寒，從母移居，相依爲命，此其異也。群從既盛，意氣易投，雨龍竹馬，瓦狗泥車，涉渚撈蝦，臨溪咒鴨，逃斈則春市之鐙，避課則溪社之劇，此其同也。逮乎弱冠，小子既異地栖遲，外氏亦一枝不競，間復再往，犬識舊門之客，燕知春社之人，如此而已，此其異也。余中更患難，故舊之情彌不能忘。矧我外王母王太安人，高年懿範，古貌慈心，常憐吾母早逝，推恩其子，厚愛出於至誠，屬望並於二母（毓修常感念外王母王太安人、外姑郁太恭人之德，無殊親母，故常謂生有三母云云），諸舅皆知名彬州，延恩白水。若夫中表，或少同硯席，或並試風簷，三十年來，舊事分明，老成殂謝，凱風寒泉之恩，實種厥心，耑明曾傳。外祖眉山朱子既相效之，感劉家之月旦，報阿士之文章，固其宜也。今復録此，比於紫微之師友，孟老之夢粱，藏之篋衍，用誌勿諼。

冷暖自知録序丙辰二月二十四日

古有耄而好學者，有老而成名者，今犬馬之齒，四十又六耳，距蘧大夫知非之年尚少四歲，而齒落髮脱，三旬九病，誦衰顔怕照之句，不啻爲渺躬寫照也。三十三歲風雪上長安，三十五歲徒步走弋陽，俯仰今昔，恍如隔世，何其哀也。元人邵元長《題鍾醜齋録鬼簿湘妃曲》云：録名公半是鬼，嘆人生不死何歸。未嘗不嘆其襟懷之灑落。予戚戚於此，寧不近於鄙倍，獨念所業未成。七尺之軀，倏將隨草木而同盡，賫志殁地，長懷無已。古人既誤於前，小子復誤於後，則文通之恨，豈有窮期？修短之數，要當盡其在我者，飲食不節，興起居不時，方寸之中，戚戚靡騁，此則自趨於巖牆桎梏，而非正命。故曰，人有可延之壽也。童年喪母，衹存皮骨，歲必病痁委頓數月，先人憂之，爲之博訪醫藥，慎伺起居，恩勤調護，心力交瘁。想其焦勞之狀，必無異吾於貴兒二十歲以前之日也。鄙諺有之：「養子方知父母恩。」豈不然歟！豈不然歟！十七歲後，筋力轉强，先人之心方始釋然，美其成立。及二十歲，先君見背，婚宦日迫，意之所注不能自克。二十八歲，發憤治英國文，驟患咯血，繼病怔忡，家貧不能求醫藥，自分必死，追憶先人「端居澄慮，懲忿窒欲」之遺訓，晝夜修之，居然有效。己辛之交，兒女夭亡，荆妻溘逝，學不貞遇，爲境所困，生機戚矣。以至於今，貴兒出遊，支持家務，不遑休養，譬之水泉，汲汲者多，蓄之者少，能不竭乎？但自審眠食尚佳，惟宜省不急之事，節口腹之欲，力行先人之訓，知之切而守之嚴，如治昔年怔忡之法，或尚可爲也。

永樂大典録出書考序

《太平御覽》與《永樂大典》皆古書之淵海也，然《御覽》特因前諸家類書抄撮而成，雖引用一千六百九十種，其於原書十不存一。章逢之、嚴鐵橋諸老據以輯録漢魏遺籍，又佐以《北堂書鈔》《藝文類聚》《初學記》《史》《漢》《文選》諸注，迄未得一完書。《永樂大典》援據文淵閣所儲宋元兩朝册府之祕，戢孴并包，全部收入。卷帙比《御覽》多逾倍蓰《大典》卷數言人人殊，元序並目録六十卷，言之稱二萬二千九百三十七卷，較爲可信。《御製詩四集》云：每十册爲一函，計一千一百餘函，是敬一亭殘闕二千四百二十二卷之副本，據此推之，全書約一萬二千册，誠六藝之鈐鍵，百家之津涉也。自永樂六年編成，儲之文樓，等於東閣。肅皇喜覽是書，几案間每有一二帙。清興，世祖萬幾之暇，亦時及之，正本因留乾清宫，蓋自明初至此，閟之禁中，僅備上方乙覽，未嘗入著述家之目。朱竹垞官檢討，日訪之不得，乃云「李自成䙴馬蹄矣」，不知乾清宫之正本固自完整。皇史宬〔一〕之副本即重録本亦僅亡十之一也。後藏《聖祖實録》，啓皇史宬乃得之，移貯翰林院。讀中祕書者，皆許借閲。塵埋三百餘年，一旦發見於右文之世，詎非此書之幸。而首先借閲者，臨川李穆堂侍郎紱、四明全謝山吉士祖望也。世傳紀文達公昀在翰林署，齋戒於敬一亭上，始得之者，非也。輯録遺書始於謝山，馬嶰谷、趙谷林並致鈔資，所録以經史志乘、氏族藝文爲要，僅成《學易蹊徑》等數種。謝山旋罷官歸。乾隆壬寅，詔修《四庫全書》，大興朱笥河侍郎筠請繕寫《大典》中不傳之本，各自爲書，以復舊觀《李光地年譜》：康熙二十六年奏，東漢以後，禮壞樂崩，六經雖宋儒闡明，然永樂間所修《大典》，未免蕪雜疏漏，宜大徵天下之士，蒐羅群言，討論編纂。徐乾學《憺園集·爲高詹事刻〈編珠集序〉》：皇史宬《永樂大典》，鼎革時亦有散失，往語詹事，皇上稽古右文，千古罕遘，當請命儒臣，重加討論，以其祕本刊録頒布，用表揚前哲之遺墜於萬一。余老矣，詹事孜孜好古，幸他日勿忘此言也。然則修輯《永樂大典》遺書之舉，安溪健菴已發於先。廷議允行，因命内廷大學士等爲總裁，掄選翰林官三十人，在原心亭列席，分司校勘高宗《御製詩四集》彙輯《四庫全書》聯句：廳判東西衆力擎，原注：校勘《永樂大典》者，於原心亭列席；校勘遺書者，於寶善亭列席。蕪者删之，哤者釐之，散者裒之，完善者存之，已流傳者勿再登，言二氏者在深擯，此編緝之例，見於《御製詩序》者也《御製詩四集》。録入《四庫全書》者三百八十五部，附存目者一百八部，輯而未進，今不能舉其部類者亦不少也。嘉慶戊辰，修《全唐文》，《永樂大典》移在文穎館。大興徐星伯侍郎松、仁和胡書農士敬、金匱孫文靖公爾準分録得數百卷。儀徵阮文達公元合乾隆、嘉慶間未進之書，據以進獻，録入《委宛别藏》者，亦有數種阮氏提要中皆不詳所出。道光戊子，重修《一統志》，嘉興錢心壺給諫儀吉奏輯《永樂大典》未盡之書，事不果行。光緒初年，江陰繆筱珊先生借觀，又録出八種。自乾隆至光緒，官私所録不過七八千卷。正本燬於嘉慶丁巳，副本雖存，迭經咸豐庚申、光緒庚子之亂，縢囊帷蓋，亡帙已多。其幸而存者或流至外國，或散入私家。辛亥鼎革，尚存六十四册，時山陰蔡鶴廎元培長教育，以四册存教育部，六十册存京師圖書館《京師圖書館善本簡明書目·類書》：《永樂大典》六十册，清翰林院，二支存六卷，九真存十三卷，十八陽存二十一卷，十九庚存十卷，二十尤存六卷，六姥存二卷，一送存四卷，四霽存三卷，七泰存二卷，五御存一卷，六屋存一卷，二質存十二卷，今藏於官者止此。毓修在滬，先後瀏覽十餘册，録得《西湖老人繁勝録》《忠傳》，據以付印。重念兩朝作述之盛，祕册遺文所賴以託命者，不五百年化爲雲煙，不能無慨於中。靈石楊氏刊其序目六十卷，使《大典》亡而不亡，其功甚大。録出諸書一二百年間亦有傳有不傳。仁和朱修伯學士澂盡得《四庫》館輯出底本，録其名數於《彙刻書目》。繆氏《永樂大典考》亦附見之。來者庶有徵焉。然《大典》本有兩重公案，所不可不知者，一爲傳刻，一爲舊槧。乾隆時，監中擬盡以《大典》中輯存之書，用活字版印行，《武英殿聚珍版書》《大典》本居大半，收藏之家競以鈔刻《大典》本爲存古之急務，其風至今未衰，此則傳刻之宜注者也。乾嘉時已軼之書，僅見之於《大典》，宋元舊槧，又續出於近世，而較《大典》本爲完善，鄭漁仲曰「亡書出於後世」，不其然乎！此則舊槧之宜注者也。館中輯本，卷帙有與元書不同者，《大典》有闕未能補足者，亦應臚注，使希古之士留心蒐訪，以成完書。凡此諸端，前人均未之及，毓修故爲補之。淺見謏聞，不知者過半，則姑闕疑以待訪求。丙辰長夏寫成，將求有道而就正焉。

眉注一：一萬二千册，《提要》已舍之。

【校勘記】

〔一〕「㡻」字原稿作「歳」，徑改，下同。

附記重録永樂大典欵式

重録《永樂大典》，用白棉紙，界畫朱絲欄，精寫版心，寬八寸弱，高一尺二寸半，全葉寬二尺有奇，高尺有四寸，四周雙邊，中縫上魚尾下朱書「永樂大典卷幾」，中下兩魚尾對合，中間朱書記葉數。半葉八行，皆雙行如夾注。行二十八字。開卷第一行頂格書「永樂大典卷幾」，下空三字書韵，正書低三字。元書有注者，則小字偏右單行。引用書名或朱書，或墨書，皆大字居中。斷句用朱圈，韵字首楷書，次備篆隸草各體，釋動植、鱗介、輿地及古器物、名人事蹟並有圖像，合二三卷爲一册，册約四五十葉。粗黄絹作書面，疊棉紙七八層作骨，兜腦包裹，如今洋書式不穿綫也。有紙面線訂或無書面者，皆售者利其護葉紙，或以一册作二册耳。書簽亦是黄絹，四周畫闊細綫各一道，外襯藍絹作邊，中書「永樂大典」四大字，下注「卷幾之幾」。書面右角上黏黄絹一方，亦以藍絹帶之中記韵字及册數。册尾副葉書總録、重校官、分校官、寫書官、圈點監生等銜名六行。

眉注一：此後來句，參孫見是書尚完整，護葉已一葉不存，乾嘉老輩裁書矣。孔彝軒文有《假饋永樂大典護葉紙啓》。

眉注二：銜名後餘紙亦裁去。

明活字本唐人小集考

明活字本《唐人小集》，半葉九行，行十七字，左右雙邊，上下小黑口，魚尾下題「某集」或「某集卷幾」。高工部尺六寸弱，寬四寸。紙色似藏經牋。字畫精湛，譌字極少，善本也。收藏家以爲宋刻，或以爲明翻宋刻宋活字本，實是明人擺版。諸家簿録偶得數家，罕見全帙。其書不通連計卷，各還各書，可以單行，故亦不刻意求備耳。己未之秋，見楊佶有襯訂本四十二册，驚爲獨多，云「項城某氏出以質錢者」。但首册未出，不獲見其序目，猶幸書邊各記册數，則一至八十止。估言四十家爲足。先已向人質錢，此存第二之第八册、第十一之三十册、第五十一之六十册、第七十一之七十四册、第八十册，共三十二家。

然據毓修前後所見，已有四十四家，所云「四十家」者，乃書賈欺人之談，不足信也。《唐人小集》明人彙刻本不下十餘種，多源出南宋書棚十行十八字本，此活字本行欵雖異，而家數之多，與其次第略與嘉靖中徐獻忠編刻本同，惟未見晚唐人集耳。兹記所見於後，冀收藏家得其確數焉。

第二册　虞世南　許敬宗

第三四五册　儲光羲五卷　祖詠

第六册　權德輿二卷

第七八册　沈佺期四卷

第十一之十五册　王維六卷

第十六册　楊烱

第十七八册　盧照鄰

第十九二十册　駱賓王

第二十一二三册　孟浩然三卷

第二十四五六册　張九齡六卷
第二十七八册　武元衡三卷
第二十九三十册　李端四卷
第五十一二册　王勃二卷
第五十三册　陳子昂二卷
第五十五册　常建二卷　崔曙　崔顥二卷
第五十六册　蘇廷碩二卷
第五十七册　李頎二卷
第五十八册　李嘉祐二卷
第五十九册　李益二卷
第六十册　耿湋三卷
第七十一册　杜審言二卷　孫逖
第七十二册　郎士元二卷　包佶　包何

第七十三册　韓君平上中

第七十四册　韓君平下　徐隱君

第八十册　羊士諤二卷

已上四十二册三十二家。

涵芬樓藏二十五家，此本所闕者六家。

李嶠三卷

錢考功七卷

高常侍八卷

皇甫曾二卷

皇甫冉三卷

嚴維二卷

江南圖書館藏十八家，此本所闕者四家。

太宗二卷

玄宗二卷
張説之八卷
劉隨州十卷
適園藏書志一家。
韋蘇州十卷

留庵書跋

殿版二十四史跋

乾隆四年武英殿校栞十三經畢，乃援宋監顧兹「三史繼彼六經」之語，開雕全史，其目次爲：《史記》《漢書》《後漢書》《三國志》《晉書》《宋書》《南齊書》《梁書》《陳書》《魏書》《北齊書》《周書》《隋書》《南史》《北史》《舊唐書》《新唐書》《新五代史》《宋史》《遼史》《金史》《元史》，凡二十二史。《明史》雕成在先，諸史版式、行款悉仿焉。每葉二十行，行二十一字，魚尾下書名，魚尾上右方題「乾隆四年校刊」，格式一如明北監本《天禄琳琅書目》。《漢書》《後漢書》有宋紹興中監本。《隋書》有嘉定間本。《唐書》有嘉祐本後編。《史記》有元祐本、紹興六年右修職郎提舉茶鹽司幹辦公事石公憲本、嘉定六年萬卷樓本。《史記索隱》有平陽道參幕段子成重刊嘉祐二年建邑王氏世翰堂本。《晉書》有南宋本。殿本不依古本款式，而悉依明北監本者，蓋取其款式斠若昭同文同軌之盛，自成一代之體制，不必拘拘摹仿如好事家之所爲也。《明史》不題歲月，亦無考證。廿二史並加考證，如十三經例。《遼》《金》《元》三史别附《國語解》，皆舊本所未有也。比明監本多《舊唐書》，以《明史》并入，實爲二十三史。三十七年，四庫館開，邵二雲學士從《禮〔二〕樂大典》中輯得薛居正《五代史》今名《舊五代史》。四十七年校畢投進，命以活字印入武英殿聚珍版書。四十九年鏤板，《欽定四庫全書》以此列入正史。此殿版二十四史之源流也。光緒間，上海同文書局翻印全史，所得初印本固無《舊五代史》，又未見四十九年殿本，乃取湖北局本，依殿版行款另寫一通，版心輒題「乾隆四年校刊」字樣，期與二十三史同式。書估無識有如此者。正史之有彙刻本始於汴監，詳見程俱《麟臺故事》、王應麟《玉海》，然止《史記》《前》《後漢書》《三國志》《晉書》《南》《北》《梁》《陳》《隋》十史。《新唐》别鏤於杭郡，監中無全史也。元大德乙巳、丙午間，建康道分牒九路，刊十七史，實成十三史。明嘉靖中，南京國子監印行二十一史，其十七史則因宋元舊版補綴而成，版式行款不準一式。萬曆中，北監重刊，較爲整齊，而文多脱誤。崇禎之季，常熟毛子晉刻十七史，《宋》

《遼》《金》《元》均之闕如。同、光之間，東南行省分刻諸史本亦不善，然則士之欲窺全史者，舍乾隆殿版外，將奚取焉。此本用開化紙標印，精雅已極。上方製作仰之如景星慶雲，嗚呼盛矣！

【校勘記】

〔一〕「禮」，應爲「永」字之誤。

鹽鐵論十卷　二册

明刊本

漢桓寬撰。有弘治十四年都穆序，稱「新淦涂楨刻於江陰」。涂刻從宋嘉泰壬戌本出，即張古餘翻刻之祖本。半葉十行，行二十字。此本半葉九行，行十八字，白口，四周單邊，白魚尾。與《持静齋目》所記淳熙改元錦谿張監税宅本同，然分卷不同。宋本十二卷。此仍存都玄敬序，似重刻涂本，而不載涂楨序，則又不可解。曾假藝風堂涂本對校，兩本不同者六十餘處，多有盧抱經《拾補》、顧千里《識語》所未及者，然則此爲兩君所未見矣。

其版刻約在正嘉間，槧印俱精。長沙葉焕彬吏部亦藏此本，稱爲致佳。

「穀士」「古瞟擁百城樓主人珍藏書畫記」均朱文方印，在上下册首。

梁江文通集十卷　二册

明翻宋本

前後無序跋，而有總目。每葉二十行，每行十八字，白口，左右雙邊。第一、二卷賦；三、四卷詩；五卷傳、書、奏、記、牋、表；六卷爲始安王建平王章、表、教、啓、行狀；七卷爲朝賢作書，及尚書符、慰勞雍州文、爲蕭驃騎諸表、啓、教；八、九卷爲蕭太尉、太傅、齊公、齊王表、啓、章、自受禪後諸詔；第十卷誄、志、祭、祝諸文，及頌、贊、雜言、騷辭；終以自序。凡二百六十九篇，與晁氏《讀書志》合，猶是北宋以來相傳舊本。「殷」「徵」「貞」「鏡」「敬」「樹」「搆」「慎」字皆闕末筆。行款字數，匡格大小，與臨安睦親坊陳宅刊行《唐人集》同，故陸心源《儀顧堂續跋》、莫友芝《經眼録》以爲南宋書棚本，實是明正嘉間翻本，氣息與陸元大翻《二俊先生文集》《花間集》相類，亦亞於宋刻一等耳。版心題「江幾」，想所刊晉唐六朝人集尚多，非一集故也。總目下有墨筆題「嘉靖壬子年葉伯寅買藏」一行，知明時已是珍重，而四百年來，觸手如新，尤爲難得。《梁史》本傳四葉，出自小朱十西畯手鈔，蓋舊爲暴書亭中物也。江陰繆筱珊祕監聞予買得，來借校，爲粘其手札於卷末，以紀一時交際云。

「秀水朱氏潛采堂圖書」朱文大方印、「金風亭長」朱文小方印，已上皆暴書亭印記，在本傳首葉。「清遠樓」白文小方印，在本傳末葉西畯氏手抄一行下，疑是後人藏印，非文盎所加也。「葉伯寅圖書」白文小方印、「蕭爽齋書畫記」朱文長方印、「朱叙」「海峰」連珠白文小方印、「長水沈氏才秀閣考藏圖書」朱文大方印、「穀士」、「古瞜擁百城樓主人珍藏書畫印記」均朱文小印，已上皆在目録第一葉。「廖印世蔭」白文方印，上下册押尾。

孟子節文七卷　二册

明洪武間刊本

有洪武二十七年十月癸酉，翰林學士奉議大夫臣劉三吾等題辭，謂「《孟子》一書中間，詞氣之間抑揚太過者八十五條，其餘一百七十餘條，悉頒之中外校官，俾讀是書者知所本旨，自今八十五條之内，課試不以命題，科舉不以取士，壹以聖賢中正之學爲本，則高不至於抗，卑不至於諂矣」云云，蓋盡爲尊君上防横議而作。《四庫》及諸家目録皆不見收。雖刊落經文不可爲訓，然於考試有關，亦一代之政書也。每葉十六行，行十六字，上下小黑口，下記刻工。字大悦目，刻畫雅近元槧，並加句讀。每節皆隔以〇，長卷頭。序四葉，節文八十一葉。書中「慎」作「慎」、「匡」作「匡」、「桓」作「桓」，蓋明初梓人猶傳自宋元，遇宋諱字，慣作此體，殆莫知其然而然云。

滄浪軒集六卷　二册

句吴吕彦貞志學著。有虞伯生序，稱其詩與楊仲弘、薩雁門齊名，推崇甚至，而傳本極罕。杭州丁氏藏鈔本，吴縣姜佐禹爲予用舊紙寫之，書法精雅絶倫。按彦貞《明史》附王行傳，《錫山遺響》《無錫縣志》，皆作名敏，字志學，號無礙居士。少貧，爲黄冠，後反服。爲詩取法漢魏，志高心苦。世以「吕山人」稱之，與高啓、徐賁諸名士卜居相近，號「北郭十友」，又稱「十才子」。洪武初，官本縣教諭，十三年官明經，不知其官所終。邑志所著録者，有《義寧集》《無礙居士集》，而無《滄浪軒集》。《錫山遺響》選《寄高季迪》《題江皋秋霽圖》《再寄高季迪》三首，皆不見此集。虞序題至正辛巳，則此尚是在元之作，故《善本書室藏書志》入之元人集部。

詩外傳十卷

明沈辨之刊本

每卷題「詩外傳」，無「韓」字。惟卷首錢惟善序題有「韓」字，序後有「吴郡沈辨之野竹齋校雕」篆書木記。首行題「詩外傳卷第一」，次行題「韓嬰」二字。每葉十八行，每行十七字，字大如錢，左右雙邊。此書無宋元舊刻，則此亦足貴矣。沈辨之，明嘉靖間人，與文休承兄弟往來。《孫祠書目》因其木記接錢序後，遂以沈爲元人，非也。初購得不全本，己未夏間，吴友姜佐禹假館盋山，借江南圖書館藏本影寫足之，精妙轉勝刻本。

禹貢錐指要删序[一]

注《禹貢》者，以國初德清胡氏之《錐指》爲詳。咸豐間，山陽丁氏晏撰有《正誤》，番禺陳氏澧又正其圖。

先人借得《錐指》全書讀之，所舉胡氏之誤，復有出於兩家之外者，又稱其書牴牾不免，而精博自不可及。反覆玩味，積十餘年之力爲之舉要提綱，成《禹貢錐指要删》二十一卷，正胡氏之誤則别加按語，未嘗輒改本書，洵足自成一家言，非汪氏獻玗《禹貢錐指節要》比也。蠅頭細書，草創黏補，得兩巨册，未及寫定，遽以棄養，嗚呼痛哉！學修謹繕副本，藏諸行篋，惟圖已失去，楹書不守，罪何可逭。念先人此書尚非禮堂之定本，學修業媿傳經，又何敢妄贊一辭？吴縣王鶴琴先師謂先人篤行窮經，朋輩中未見其匹，不用于世，其事業無得而稱，唯道之懿不可以不白，允爲校刊是書。未幾，先師殉首陽之節，事又不成。清史館開，江陰繆筱珊先生爲據寫本著録藝文志，蓋距先人之没已二十有八年矣。會當壽諸棗梨，以慰先人之苦心，而不背先師之遺訓也。丁巳十二月男學修謹識。子婦顧希昭謹書，時戊午十月。

【校勘記】

〔一〕原無題，據序文内容擬。

代言集跋

片楮寸縑，皆人精神之所寓，而未可輕付字簏者也。予自二十五歲，出交天下士，即知寶愛師友手札。篋中積至盈尺，而悉爲人借失。近料理其新得者，名《代言集》，得八九鉅册，私立「存人」「存我」二目，而爲之説曰：其人從業文章卓然可傳，又賜札獨多者，則裝潢以傳之，是曰「存人」。若黏貼六本者，以與己有人事關係，且皆一時朋舊也，過時閱之，可印證閱歷之深淺，可追記昔年之往還，所謂「存我」者也。顧其隨手拋去者，已不少矣。亦有人專一册，如詩文之有别集者，則以所得較多故也。丁巳夏正十二月二十八日小除夕留庵題。

振綺堂書目跋

《光緒杭州府志藝文志》載《振綺堂書目》五卷，注云：「國朝刑部主事泉唐汪誠十村撰。誠祖憲有《書録》十卷，父璐有《題識》五卷，子邁孫有《簡明目録》二卷。此五卷最爲詳括。」按，汪氏自乾隆朝進書《四庫》，拜文綺之賜，縹緗世守，不但善藏，而且善刻。同時如繡谷、小山諸家，曾不再傳，悉已化爲雲煙。吾宗壽松亦能世守，而未傳簿録。獨振綺有四世之目，實古今所未有，而足爲藝林之嘉話者也。粵寇起，杭城不守，振綺堂中主人避地，書遂無主。又遇水漬，亂後撿之，實未散亡。顧其時所急者，日用之資，而不在此壓架之物，遂盡以折售於人，轉轉易主。今敝篋亦有數種。予閱市常見有捺振綺堂兵燹後所藏印者，仲閣茂才尚藏《四庫》發還書數部，是汪氏子孫藏書好善之風出於天性，至書雖散而未散也。此目三册，尚是穰卿進士手寫，實不分卷，以厨爲次，與明萬卷堂、脈望仙館兩目體例相同，即《府志》所云「最詳括」者。仲閣惠而假我，并許出題識二册，并假我録副。穰卿進士録此頗草，以△代「卷」字，○代「册」字，×代「集」字，實創格云。戊午春正留菴居士。

廬山記跋

右《廬山記》五卷，依宋刻録出宋刻每葉■行，每行■字，餘依日本元禄中刻本按，元禄當康熙初年。錢氏守山閣刻本源出文瀾閣，其書不全，惟此爲足。中土人士向所未見，遂動寫録之興。守山本附晉沙門慧遠《廬山記》，兹并録成，裝置卷末。因病遷延半載方得畢工，藏之小緑天，亦居然祕笈矣。他年能往匡廬一遊，徵驗往跡，庶不虛此録云。梁溪女史顧希昭書。時歲次戊午古曆十月■日。

江南閲書記

伊川擊壤集廿卷〔一〕

長白敷槎氏堇齋昌齡圖書印、鐵生。半葉十行，行廿一字。自序、邢恕序。伊川邵雍堯夫。梁溪章玉齋或繼藏書印、鼎雲、歸來堂印。黄麻紙。

【校勘記】

〔一〕此條書於散葉。

南華〔一〕真經卷第一莊子内篇逍遥遊第一

半葉十行，行十五字，白口，小卅字。郭象注。莊一。遘、構、玄、弘、慎。附釋音。

《南華真經序》，小字盡處與大字空一字地位。「河南郭象字子玄」無注字。

眉注一：手繪一個上白魚尾。

眉注二：皆避諱字。

【校勘記】

〔一〕「華」，孫氏原稿作「經」，筆誤，徑改。

韓詩外傳十卷　四本

半葉九行，十七字。通津草堂本。至正乙未曲江錢惟善序、韓嬰小傳、志韓詩外傳蘇獻可子忠甫志，長洲周慈寫、陸奎刊。初印完善，惟有朱點。

大戴禮記十三卷　一册

盧抱經手校本，校明刊本

盧氏手跋云：乾隆甲戌五月十八日，以程榮本對校。又云：乙亥嘉平之望，以元劉貞庭本對校韓集補寫。

大戴禮記　又二册

元刊本蝶裝

首闕三葉，印本亦次。

公羊疏二十八卷　十四本

閩刊九行本十九字。印本中中，有朱筆校過。

監本附音春秋穀梁傳注疏　十册

五十五起，六十四止。明補。

四書章句　十四册

淳熙刊本

版心皆題「晦菴」，《大學》《中庸》《語》《孟》亦然，「章句序」後有「音考」，《孟子》抄配一本詳見《經籍跋文》。

釋名八卷　二册

孫星衍校，孫氏手跋云：

陽湖孫星衍校於嶺南校得甚善。

釋名　又一册

明吕柟刻陳道人本

十行。序後有四行云：

右《釋名》八卷，《館閣書目》云：漢徵士北海劉熙字成國撰，推揆事原、釋名號，致意精微。《崇文總目》云：熙即物名以釋義，凡二十七目，臨安府陳道人書籍舖刊行。

刊本甚精。

五代春秋上下卷　一册

葉林宗抄本

葉氏手跋云：丁亥冬十一月初九日黄昏假得馮巳翁，即夕揮毫，漏三下録完。林宗志。

邵氏手跋云：薛氏《五代史》叙事詳核，而「帝紀」未免冗煩。尹師魯《五代春秋》書法謹嚴，歐陽史「帝紀」所仿也，論者多病其太簡，然於十國興廢大事必書，視歐陽史之不載於紀者爲得史法矣。傳寫多脱誤，鮑君以文葉石君鈔本見示，因取盧弨弓先生校本對勘，參以舊時所見本，爲校正四十一字。至「張顥」作「灝」、「漢谷」作「幕」，薛、歐二史本有異同，今仍其舊云。邵晉涵識。

國語二十一卷補音一卷　四册

明正統翻宋本

無名氏序十行，廿字，闕頁極多。

國語　又五本

與上本同種，印本稍次，而無闕葉。

國語　又十册

宜静書屋本

盡用古體字。

國語　又四册

序後題「嘉靖戊子吴郡後學金李校刻於澤遠堂」。過録錢士興、惠松厓校語未到底。

國策校注十卷　十六册

元刊本

廿行，廿字，有朱筆批校。初印甚清。

國策校注　又五册

《藏書志》作元本，實明萬曆本。

注陸宣公奏議十五卷　四本

元翠岩精舍本，卷首鈔補八葉金屬版。

文獻通考　見十册

元刊本

序目及卷一、二抄配，半頁十三行，行廿六字，印本中中。

晏子春秋　四册

明刊本

《志》云元刊。半葉九行，行十八字，印本極精首册有補抄處，長卷頭。

晏子春秋　又一册

校經訓堂本

吴越春秋十卷　四册

明翻元本甚精，《志》云元刊，失之矣。

鑾書十卷

盧抱經校本

《志》云「校聚珍本」，然實是雕本，極精妙，不知何人所刊。

盧氏手跋云：乾隆戊戌八月八日，東里盧弓父校訖。校出誤字，此已刊正，今又對出數處。

史通訓故補　四册

盧抱經校宋本

盧氏手跋云：皆二月望日校，日昳出門應酬，路有醉人欲毆我從者，咆勃不已。因送上元陳明府處置。六年來未有之事也。東里老人。三月九日録馮巳蒼、何義門兩家評語訖，弓父記。

孔子家語十卷　四本

黄魯曾後序。半頁九行，行十六字。初印精善，通體朱校。有「道光甲午孟冬耕蘭氏校」一行，蓋出其手。耕蘭不知何人。

孔叢子上中下卷　一册

明刊本

本子不佳。

新書二卷　一册

盧氏以宋陳八郎本、吴元恭本、毛斧季校宋本合校。

盧氏跋云：乾隆丙子春三月，盧文弨以程榮本校。又云：己亥以宋本改，然亦多訛。又記云：宋本作「新雕賈誼新書卷第一」，下放此，今不必依。經删改者乃宋本也，又以賈子本校其異同，則云「一作某」以别之。

新語二卷　一册

亦盧氏校本，極略。

新書　二册

明刊本

正德九年長沙黄寳序，後有闕名跋、楊節跋，皆正德中人。宋胡價序，闕前頁。半葉八行，行十八字。字大刻精，版心以卷數爲頁數。

地脚小注：此書館中亦有，不如此之完善。

賈太傅新書十卷　二册

明何燕泉刊本

正德十五年南園老人張志淳序、何孟春序，華容〔一〕周廷用叙。

【校勘記】

〔一〕「容」，孫氏原稿誤作「亭」，徑改。

鹽鐵論　六本

張之象注本，本子不佳。

新序十卷　二册

何義門校宋本

宋本每葉二十二行，每行二十字。目録後接序文後，每卷自爲一行。「康熙庚寅四月借憩橋巷李氏所蓄陽山顧大有舊藏宋槧本初校，焯記。」以上均何氏朱筆。

新序十卷　又二册

明刊黑口本

黄紙。嘉靖間翻宋本，半頁十一行，行十九字，字畫清朗，大似宋刻，與别本不同者，注明「一本作某字」。前有曾鞏進書序及編定目録。

新刊劉向先生説苑二十卷

元刊小字本

闕六葉，目録後有牌子，已挖去。半頁十二行，廿四字。中縫題「劉向説苑」四字，在黑口上。卷尾有圖畫，一人坐石洞中，手抱書卷，洞外三人拱手拾堦而進，一人作引進之狀，蓋《文翁石室圖》也。上有白文横列「西園堂」三字。

劉向説苑二十卷　二册

明刊校宋本

校甚略，闕十一之十五。宋本九行，行十八格朱筆在卷首。

潛夫論十卷　四册

明人景抄本

半頁十行，行十八字。每卷目後接正文。有「述古堂藏書記」朱印。長卷頭。共百卌八頁。

戊子六月得沈與文所藏宋板翻刻本，因命工印抄。此書謬誤頗多，無從改定，借筆點定一次，殊失句讀，後之讀者勿哂。七月初三日默菴老人書朱筆卷末。

潛夫論十卷　又二册

明刊本

黄紙。半頁九行，行十七字。

丁氏記云：丹鉛精舍有金刻《潛夫論》，卷端第一行但標「王符」二字，爲錢蒙叟、馮研祥藏本，此雖明刻，卷端題名亦衹二字，黄蕘圃以此本爲最古云云。

潛夫論十卷　又一册

盧氏抱經以程榮本校明刊本

申鑒五卷　二册

明嘉靖文始堂本

黄省曾注。半葉九行，行十七字，初印精妙。

中鑒五卷　又一册

盧抱經以程榮本校明本

中説十卷　四册

元刊本

金屬。半葉九行，行廿四字。篇目後有「文中子纂事」三葉，題「河汾肆子王壬」。

中説十卷　又二册

明刊黑口本

《志》作元本，黄紙。前無目及纂事，密行小字，半頁十二行，行廿六字。

中說十卷　又四册

明刊本

染色。半葉八行，行十七字，版心有「敬忍堂」三字。

中說十卷　又一册

盧以世德堂本校明本

徐幹中論上下卷　二册

精抄本

「士禮居」印。題「四明薛晨子熙校正」，有嘉靖乙丑青州府知府四明杜思序，重刊弘治本也。有朱墨評點。

孫子集注十三卷　五册

明刊本

闕四頁。嘉靖乙卯錫山談愷序。初印精善。

尉繚子直解五卷　四册

明黑口本

曠園藏書。前辛亥科進士太原劉寅解。半頁十行，行二十字。初印完善。

六韜直解上下卷　六册

明刊本

款式同上。

管子二十四卷　四册

明成化刊本

錢遵王印。序目失去。臨陸敕先校宋本。

管子二十四卷　又六本

明趙用賢刊

初印精善。

鄧析子二卷　一册

明刊本

首引《崇文總目》及《漢志》。九行，行十九字。初印精善十一頁。

韓非子二十卷　八册

明本

嘉靖辛酉浙西張鼎文序。半頁十行，行廿一字。以隸作楷，有句點。卷尾有順齋張鼎文澂伯甫校刊隸書木印。

韓非子二十卷　又四册

明刊本

韓非子二十卷　又四册

明趙用賢刊本

盧校極精

馮巳蒼以此本並葉林宗《道藏》本及秦季公又元齋本校所蓄張鼎文刻本。張本固多脱文，然頗有好處，不可謂全如也。丁酉四月十日盧文弨校。談孝廉茗村餉鮒魚炙筍至。

張本與《道藏》本合者多，今凡張本下加員圍者，謂藏本同也。内有未盡是者，非取之也。癸卯九月借《道藏》本校竟，馮汝咨並餉程鳳池墨八笏王若霖書《西園雜記》十二幅，並水精蟾蜍研池一枚。

韓非子二十卷　又六册

明王道焜刊本

商子五卷　一册

明本

此明季刊本，有嘉靖己未小海道人馮覲叙，天啓丙寅覲之孫贇始序而刊之，但不如乾隆時西吴嚴萬里校本之善。

墨子　存六之十五一册

黄紙。十一行，行廿二字。吴匏菴手寫本，張青父一跋，黄蕘圃二跋。

農書

此是原本，與《永樂大典》本不同。嘉靖庚寅山東臨清閻閎序。前六卷爲「農桑通訣」六卷，次「農器圖譜」二十卷、「穀譜」十一卷，末有刊板告示。

尹文子一卷　二册

明本

漢山陽仲長氏定。

鬼谷子三卷

鮑以文校本

甲寅九月十七日寓兩廣會館校。

呂氏春秋二十六卷　六册

明刊

明陳世寶刊本。十行，行廿字。印本中中。

顏氏家訓七卷　二册

抱經堂校定本

白虎通德論二卷　二册

明翻元本

漢班固纂，明楊祜校。九行，十七字。

白虎通德論二卷　又八本

明俞元符刊本

容齋隨筆　十四本

明翻蘭雪堂本

十行，廿一字，黑口。

風俗通義十卷　二册

明刊

黄紙。序稱「大德新刊校正風俗通義」，末有丁黼跋，李果序一葉抄補。半頁九行，行十七字。

風俗通義十卷　又一册

明刊精善

《志》云元刊。與前本同種，惟改九行爲十行，十七字爲十六字。

子彙　十六册

明本

萬曆四五年周子義刊本。

老學菴筆記十卷　一册

明季刊

有天啓三年吴郡八十三翁錢允治序云：數年前姚孟長抄惠一册，余近亦自抄一册。魯魚河漢均也，松陵周元度以其先尚書恭肅公秘藏刻之云云。

青瑣高議十卷別集七卷　六册

紅藥山房抄本

新抄。過録王漁洋、黄蕘圃跋。

山居新語不分卷　一册

影寫本

新抄，太史氏楊瑀元誠。楊維楨序、自序。十行，廿字。

世説新語　八册

明淩濛初刊本

與館本同。

壁水群英待問會元九十卷　卅六册

《志》云宋刊。宋劉達可編，淳祐乙巳前進士建安陳子和中甫序。總計一十六門，分二百三十八類。每葉二十二行，行二十三字。嘉靖壬辰慎獨齋刊有八十二卷本，乃正德四年王敕所序，沈淮所校，以有殘闕，名曰「選要」，已非原帙。此固完本，然實是元明間刻本耳。至其書之陋，更不待言。

王子安集十六卷　三册

抄本

原二卷，此十六卷，乃抄明崇禎間閩人張燮刊本館中有寧極齋格式，與此相似，乃知宛陵李士鄅家抄本也。

王子安集十六卷有附録　二本

明季刊本

極清明。張〔一〕燮序。九行，十八字。

【校勘記】

〔一〕「張」，孫氏原稿誤作「裴」，徑改。

庾開府集六卷　三册

明本

有詩無文。明朱曰藩序，比朱子儋本多二卷。末有亞字印云「吴下馬相陸宗華寫刻」，十行，十八字，刻甚精雅。

彙集梁江文通集十卷　十二本

明本

明伯良胡之驥注，書賈挖去「明」字，填入「宋」字。葉十八行，行十九字，印本尚精。

晉二俊先生集廿卷　二册

明陸元大翻宋本

極佳極佳。闕三頁。晉平原内史吴郡陸機士衡士龍同。都元敬序、宋徐民瞻序闕一頁。十行，十八字。

陸士衡集十卷　一册

同上印本較次。

曹子建集十卷　二册

明本

有《疑字音釋》。

按曹集十卷，吴中舊有活字印本，多舛錯脱漏。大夫士往往有慨嘆焉。雲鵬雖不敏，雅嗜建安諸子，曹集之訛，竊嘗一正之。因梓於家，與好古者共傳焉。集端有序，不敢贅，謹識歲月於後云。時嘉靖壬寅春正月既望吴下後學郭雲鵬跋。

寶善堂梓〔一〕

【校勘記】

〔一〕「寶善堂梓」四字孫氏原稿爲隸書。

楚辭十七卷　四册

明萬曆間觀妙齋本

楚辭十七卷　六册

明依宋刻

中闕一頁。印本精，九行，十五字。

韋蘇州集　六册

明刊本

與館本同，惟此摹印較先。

唐劉隨州詩集十一卷　四册

明刊本

闕末葉。十行，廿字，刊本精善。

唐元次山集一册

明德藻堂刊

與館本同，印本較好。

岑嘉州詩四卷　一册

正德刊黑口本

極佳。正德庚辰蜀方伯沈仁甫、學憲王子衡刻，楊慎序後録《文獻通考》一則。雲間沈恩跋。十一行，廿一字。

岑嘉州詩又七卷

影寫正德本

正德庚辰熊相、邊貢後序。十行，十七字，眉上有校。

浩然詩三卷　一册

新抄

劉辰翁評點，勾吴顧道洪校刊「凡例」謂依宋刻上中下卷本校刊，梁源山人顧道洪漫志於藻翰齋。

孟浩然集四卷　二册

明刊本

宜城王士源序、韋滔序。十行，十八字，印本佳。

高常侍詩集十卷　二册

明刊

十行，十八字，印本精。比《四庫》本爲佳。「新安孫氏晉齋珍賞」。

盧昇之集七卷　一册

新抄《四庫》本

盈川集十卷　二册

有附録。皇明龍游童珮刊。十一行，廿字。童爲萬曆間書賈，有詩集，王弇州序之，比於臨安陳道人云。

李翰林集　三册

存七之三十。此明刊耳，《志》云宋咸淳本，不可解。

陳伯玉文前集五卷後集五卷附録一卷　八册

明初黑口本

弘治辛亥張頤序，盧藏用原序。新都楊春重編，射洪楊澄校正。九行，廿一字，八之十抄補。

陳伯玉集又二卷　一册

明刊本

此本有詩無文，十行，十八字。

分類補注李太白詩廿五卷　十二册

元建安余氏刊

得七百餘葉。十二行，廿字。

至元辛卯章貢金精山北冰厓後人粹齋蕭士贇粹可序行書。

集千家注杜工部詩二十五卷　十八册

比李集較勝，得九百葉。廣勤書堂新刊牌。三峰書舍鐘式。廣勤堂鼎。十行，廿四字。

昌黎先生集四十卷

宋淳祐刊本

李漢序。十行，廿字，惟卷八之九皆每行廿二字，是以别本配入。白口，上記字數，下記刻工。無外集遺文。闕筆謹嚴，至「廓」字止。

朱文公校昌黎先生文集四十卷外集十卷集傳遺文遺詩　十六册

元刊

十三行，廿三字金。

增廣注釋唐柳先生集四十三卷別二卷外二卷附一卷　十四册

元刊本

與館本同。

唐皮子文藪十卷　一册

明許自昌本

增廣音注唐郢州刺史丁卯詩集六卷　二册

弘治黑口本

大明丁未嘉善王瑭希古序，信安後學祝德子訂正。十行，十九字金。弘治七年鄭傑後序。

温庭筠詩集七卷别集一卷　一册

述古堂影寫本

十二行，廿一字。

李長吉詩集四卷　二册

明本

有朱圈。廣平裕參王家瑞凝貞甫説實印序耳。

李長吉詩集四卷外一卷　一册

明初翻元本

杜牧序。至元丁丑二月朔日，復古堂識稱《李長吉詩》舊藏京本、蜀本、會稽本、宣城本，互有得失，獨上黨鮑氏繪本爲勝。今定以鮑本，而參以諸家，箋注則得之臨川吴西泉，批點則得之須溪先生，與觀評論並附其中。弘治壬戌汝寧石門居士劉淮後序謂安慶有是集，字刻率易，宗敬守寧翻刻於謝朓樓。九行，十八字。

孟東野詩　一册

秦禾刊本

比館本佳。

孟東野詩集十卷　四册

明刊宋本

黑口。山南西道節度參謀試大理評事平昌孟郊。弘治己未楊遼菴刊於育州，汝南强晟序。宋敏求題。十行，十八字。

唐賈浪仙長江集十卷　一册

明仿宋本

闕二葉。十行，廿字。

元氏長慶集六十卷　四册

明刊

宣和甲辰建安劉麟序、嘉靖壬子東吴董氏後序。十三行，廿三字。

百將傳注殘宋本　二册

此雖殘書，實孤本也。

白氏文集七十一卷　卌六册

日本刊本

首載元微之序云：手自排纘，成五十卷，凡二千一百九十一首。此爲戊午秋七月丁亥朔那波道園洛中遠望臺刊大字本。九行，十六字。前五十卷仍依元氏編次，五十一至七十爲「後集」，七十一爲「續集」。其分十帙，所謂「廬山本」也，其次如下：

第一帙一卷至七卷諷諭　閑適　第二帙八卷至十四卷　閑適　感傷

第三帙十五卷至二十一卷　律詩　詩　賦

第四帙二十二卷至二十八卷　文

第五帙二十九卷至三十五卷　文
第六帙三十六卷至四十二卷　文
第七帙四十三卷至五十卷　文
第八帙五十一卷至五十六卷　詩
第九帙五十七卷至六十三卷　詩
第十帙六十四至七十卷　詩　文
已上十册共七十卷，總三千五百九十四首。

臨川先生文集一百卷目録二卷　卌二册

元刊明印本

兩本抄補。吴澄幼清序行書大字。十二行，廿字，刻已模糊。

南豐先生文集　八册

明本

萬曆中王忬刻本，館中亦有，此刻則白紙，然印本已後。

南豐先生文集　又八册

嘉靖中人修改成化舊版，行款同萬曆本。有嘉靖甲辰仁和陳克昌跋，謂謫盱之暇，取是集讎校焉，易其敝朽，剔其污漫，更新且半云云。則補版之明徵矣。成化本翻刻大德甲辰東平丁思敬本也像贊後有嘉靖癸巳歲昭潭莫駿、古皖秦潮、錫山鄒庶新增。

梅宛陵先生詩集六十卷拾遺年譜附録　卅二册

康熙丁卯中八世孫枝鳳刊本

《志》云萬曆本，此與目不符矣。

欒城集五十卷後集二十四卷三集十卷應詔集十二卷　十六册

明清夢軒本

明東吴王執禮子敬、顧天叙禮初同校。比蜀本佳。黄紙。

山谷黄先生大全詩注　廿四册

明初黑口本

前後無叙跋，九行，十九字，比聚珍本爲佳。

山谷黄先生大全詩注　又二十二册

抄本

與前本同。

渭南文集五十卷　十册

明活字本

前有弘治壬戌吴寬序云：

光禄署丞事錫山華君汝德得之，乃嘉定中其子知溧陽縣子遹初刻本也，因託活字，摹而傳之，印成，使來徵序云云。

後有祝允明序云：

光禄華公活字新本《渭南集》凡五十卷，即翁子子遹初刻所翻也。初，光禄懸車鄉社，年踰七十，購蓄異書，富若山矗。又製活字版，擇其切於學者，亟繙印之。此集之所以易成也。自沈夢溪《筆談》述活板法，近時三吴好事者盛爲之。然所印有當否，則其益有淺深。惟光禄心行高古，動以益人爲志，與彼留情一草，譜禽經者迥别。翁之詩曰《劍南稾》，視此倍多。光禄得其八卷，因並印傳焉。

又有尚古生華珵記云：

余既得放翁《劍南續稾》印之，而惜未見其文。無幾，又得《渭南》舊本，於是遂爲全帙，急命歸之梓墨云云。

九行，十七字。

香溪先生范賢良文集廿二卷 六册

元至順刊本

紹興三十一年陳巖肖序年月中脱「辛巳」二字，補刻於旁。十二行，廿二字，元刻之工者。

誠齋集一百三十五卷 廿册

抄本

不精，書曾校過，一百二十三卷後是新抄補。

重校鶴山先生大全文集一百九卷　四十册

明活字本

多闕頁，八十四之八十六、卷九十九之一百三、一百七抄配。淳祐己酉夏宛陵吴淵序、淳祐辛亥吴潛後序，開禧改元■■序。每卷第二行題「錫山安國重刊」，魚尾上題「錫山安氏館」五字，下記刻工名氏。十三行，十六字。後有■■■■隴西後學暢華跋。

秋澗先生大全集一百卷附一卷　四十八册

明刊

弘治十一年河南學政濩澤車璽序謂：「先生遺文，舊梓行浙中。弘治丁巳冬，侍御沁水李公按汴，屬巡河北道祝公直夫、僉事包公好問考正疑誤，分檄開封、衛輝馬侯龍、金侯舜臣繕寫翻刻」。序後有圖象，次總目，次附録，次目録。十二行，廿字。印本佳闕十八頁。

秋澗先生大全集一百卷附一卷　又二十册

抄本

依弘治本寫。

閒閒老人滏水集廿卷　二册

抄本

不精。

滹南遺老集四十六卷　六册

新鈔

道園學古録五十卷　十四册

嘉靖本

嘉靖乙酉撫州重刊景泰本。十三行，廿三字，印本尚佳。十一至十三抄配，卅七之卅八、四十五之四十七。

道園類稿五十卷　十六册

新抄

九行，廿字，與目不符。

道園遺稿六卷　三册

新抄

十一行，廿字。

翰林珠玉六卷　四册

新抄

八行，十六字。

已上三書雖屬新抄，然皆依舊刻録得。

江月松風集十二卷補遺　二册

曹倦圃抄本

朱竹垞、吴石倉、吴繡谷、汪魚亭校。共一百七十二葉，尚有散葉一包，夾於卷中。

黄文獻公集二十三卷　六册

寫本

昭文張氏影寫明正統刊本。十四行，廿三字。闕卷爲丁松生所補。

揭文安文粹不分卷　二册

明初黑口本

淡生堂藏書，有天順五年平湖沈琮序，又附《元史列傳》，共文五十三首。十一行，廿字。

揭文安公詩集三卷續集二卷文集九卷　三册

抄本

不舊。《詩集》題「門生前進士燮理普化校録」，《文集》題「揭曼碩傒斯著」。十一行。

吴文正公集卌五卷道學基統外集三卷　十二册

康熙補萬曆本

元遺山先生集四十卷　十二册

舊抄

録李瀚刊本。

蘇平仲集十六卷空同子瞽説二十八首　四册

明刊黑口本

宋濂序、劉基序。正統壬戌處州府推官章貢黎諒識。迪功郎蒙陰縣主簿永嘉林與〔一〕直編集。十二行，廿四字。九之十二抄補，十六亦有抄配。

【校勘記】

〔一〕原稿「與」下衍一「與」字，徑删。

臨安集十卷　一册

舊抄本

《四庫》收《大典》本，此則原本。

武夷藍山先生詩集六卷　二册

明初本

《四庫》收《大典》本，此原本也。正統丁巳羊城陳璉序、洪武庚辰西江吉水倪伯文序、張棨序、蔣易序。十行，廿一字。

武夷藍山先生詩集六卷　又一册

《四庫》底本

黄紙。

高太史大全集十八卷　四册

景泰本

南州徐庸用理編。十行，廿字，刻極精。

宋學士文八編集　十二册

正統甲戌張縉刊本

十四行，廿三字。

宋學士文集廿六卷　十六册

明黑口本

黄紙。天順五年魏驥序，謂「浙藩左參政黄公以《潛溪前》《後》《續集》《文粹》等書，以類合之，題曰『宋學士文集』」。十二行，廿一字，共六百餘首，雕印極工。

宋學士文集廿六卷　又十二册

嘉靖本 裱

此嘉靖翻天順本，欵式極古。多附録二卷。十一行，廿二字，版心題「宋錦濂文集」。

潛溪先生集十八卷宸翰附録　十二册

天順元年弋陽黄溥刊本

先詩後文，與元刊《潛溪集》名同而實異。黄蕘圃跋。

潛溪集八卷　四册

嘉靖柔兆涒灘徐中望刻於瀛

東里文集二十五卷詩集三卷續集六十二卷別集四卷附録四卷　二十八册

明天順本

惜鈔補及半。

六家文選六十卷　六十册

明刊大字本

昭明太子序目後有牌子，已割去、李善《上文選注表》、准勑、吕延祚《進書表》。梁昭明太子撰。十一行，十八字。

六家文選六十卷　又二十册

明袁刊本

十行，十八字，印本後。序、表同前本。梁昭明太子蕭統撰。唐李善、吕延濟、劉良、張銑、李周翰、吕向注。

竇氏聯珠集不分卷　一册

舊抄

會稽綴英續集五卷　一册

隆慶戊辰夏彭城錢穀手録。此用洋連史景鈔者，其故不言可知。

國秀集三卷　一册

明刊

極佳。十行，十八字。

篋中集一卷　一册

影寫尹家鋪本

亦洋紙寫。

唐四傑集八卷　一册

明刊

十行，十八字，佳。

松陵集十卷　四册

汲古閣本

書衣題「汲古閣正本，吴門寒松堂藏板」。乾隆戊戌六月廿三日東里盧文弨校。

玉臺新詠十卷　二册

明小字本

此明是崇禎刊本，《志》乃云「正德本」。

玉臺新詠十卷　又十册

嘉靖廿二年華亭張世美識。又續五卷，託名「舊人」。

宋文鑑百五十卷目二卷　廿八册

明弘治嚴州刊本抄配

此版後入南雍。十一行，廿一字。

宋文鑑百五十卷目二卷　又廿册

用此本。與前本同成公序、表。

宋文鑑百五十卷目二卷　又廿册

明藩本

嘉靖八年璽書、知烊書、又序。行欵同前。

明

文粹一百卷　四十册

元刊

明版補及抄配居大半。姚鉉述。寶元二年吴興施昌言叙。目録頁，十五行，廿三字。

重校正唐文粹百卷　二十册

明刊

行欵與元刊同，惟每卷目次均有改動。

姑蘇後學尤桂

朱整同校正

嘉靖甲申歲太學生姑蘇徐焴文明刻於家塾在目後

太和正音譜二卷　二册

影寫洪武刊本

「蔡廷相藏」白文長印、「蔡印廷楨」「卓如奇賞」連珠小方印、「醉經主人」白文方印、「梁溪蔡氏」朱文方印、「廷相」「伯卿甫」連珠小方、「伯卿一字孫峰」朱文方。

傳芳集前十二卷後五卷　八本

湖□錫元。前集嘉靖壬辰裔孫從智重刊。

新刊張小山北曲聯樂府三卷　一册

依元刊抄

乾坤清氣集十四卷　二册

抄本

此本亦闕七言近體。

歷代涪溪勝覽集一卷

明正德刊

四十四頁。

皇明文衡　十六册

嘉靖本抄配

荆南倡和詩集不分卷　二册

明初黑口本

十行，廿字。

國朝文類七十卷目二卷　廿册

元西湖書院本

明補，尚可。元刻竟已没字。

新刊中州集十卷中州樂府一卷　十二册

明弘治刊黑口本

元好問序、張海輝序。十一行，廿一字。

注解章泉澗泉二先生選唐詩五卷　二册

明初刊

黄蕘圃跋。四十五頁。

中州集　三册

抄本

疊山先生批點文章軌範七卷　二册

元刊

極精。十行，廿二字。上卷抄。

唐百家詩　廿八册

明嘉靖庚子華亭朱警刻本

首載徐獻忠《唐詩品》一卷。杜審言、沈佺期、宋之問、張説、張九齡、盧僎、郎士元、皇甫冉、皇甫曾。

唐人小集十八家　十六册

明活本

太宗、高宗、嚴武、虞世南、許宗敬、戴叔倫、李嘉祐、張説之、徐考功、劉隨州、韓君平、羊士諤、高常侍下半抄、李益、儲光羲、李嶠下半抄、皇甫冉、皇甫曾。

頤堂先生文集五卷　二册

宋本

七十一頁，抄十七頁半。卷一後有一行云「乾道壬辰六月王撫幹宅謹記」。每卷首第二行題「姪傅編」。十行，十八字，白口。卷五後有闕。末卷抄補。

重刊嘉祐集十五卷　四册

嘉靖壬辰太原府重刊本

黑口，十行，廿一字。

重刊嘉祐集十五卷　又二册

此本行欵同前，惟改黑口爲白口，字跡亦不如前本之古，而印本較清。

李文公集十八卷　二册

明成化本

長卷頭，一百五十二頁，似不止此。成化乙未何宜序。八行，廿字。

三略直解三卷

明刊黑口本

太原劉寅解。寅有《六書直解》二十六卷，惟此收入《四庫》。

司馬公傳家集一百卷　十二册

明初刊黑口本

劉隨序。十行，廿字，有闕頁。

逸周書十卷　一册

盧抱經校本，不精。

重刊荆川先生文集十七卷外三卷附一卷　十册

明本

黄紙。嘉靖己酉王慎中序。萬曆元年孟春吉旦重刊於純白齋。

空同先生文集六十六卷　十二册

明本

目録止六十三。極好。嘉靖九年黄省曾序。十行，廿字。

朱子語類大全一百四十卷　四十册

明本

成化癸巳彭時序。陳煒後序。十四行，廿四字，板精而墨淡。

吴都文粹十卷　四册

毛訂

宋賓王鈔。黄蕘圃校跋。十一行，廿一字。

繡像元魏高齊後周北朝演義　十二册

玉山杜綱辨次，六百九十一頁。約計字數五萬四千。有脱葉爛板燈下查畢。

徐騎省文集三十卷　十册

經鉏堂緑格寫本

陳彭年序。晏殊後序。徐琛明州重刊本後序。《進徐騎省文集表》及批答。行狀。墓銘。祭文。輓詞。目録。

鈔手工整。全書一律半葉九行，行十八字，末附書目三葉。跋言「佚存未備之書，購求原本鈔録，所有書目附於卷末，俟再得秘藏之本，陸續繕成，以行於時。苕溪漫士識」。

徐公文集三十卷　四册

過録金迂齋抄本

十行，廿一字，黑格子。遇宋帝皆空行。抄手不及前本之舊。

《徐騎省文集》近世鮮有刻者，此本係虞山錢宗伯於崇禎間從史館印摹南宋本。原本字頗大，予縮以小字抄存之。集中稱「今上御名」者，高宗名構也。太祖諱匡、胤，太祖之父仁祖諱殷、弘，真宗諱恒，仁宗諱禎，英宗諱曙，故其字皆缺一筆。太祖諱炅，神宗諱頊，欽宗諱桓，如敬、鏡、貞、徵、勗、署、完諸字亦缺一筆，蓋□名也，今悉仍之。但原鈔非出通人，譌舛甚多，惜無善本校對，録竟爲之悵然。迂齋金侃識。

徐公文集三十卷　四册

陶氏篤素好齋鈔本

亦過録金氏本，抄手較舊。

小畜集三十卷　十册

經鉏堂緑格抄本

鈔手精整。九行，廿一字。卷附黄州契勘印書紙價等二葉。

小畜外集殘本　一册

影宋寫本

卷七首亦缺之十三止十三卷末亦缺。

宋林和靖先生詩集四卷附録一卷　三册

明正德刊本襯

正德三年洪鍾序。宋梅堯臣序。像。附録目録無總目。十行，廿字。黄紙印本。長卷頭。末闕數葉。

宋林和靖先生詩集四卷附録一卷　一册

康熙戊子吴趨吴調元刻本

《詩》四卷、《省心録》一卷。鮑以文以正統八年陳贇刊本校。

鮑氏手跋云：宋刻詩不分體，曾於顧抱沖家見之，惜未借校。今抱沖墓宿草矣，對此不能無人琴之感。丁卯十月十九日嘉禾舟中記。

宋林和靖先生詩集四卷附録一卷　一册

影宋寫本

止存卷上，餘闕。宋本今在瞿氏。過録黄子羽、黄蕘圃跋。

宋黄太史公集選卅六卷　十册

明萬曆河南刻本

明崔邦亮選。

後山先生集三十卷　四册

明弘治刊本

過録何義門校筆。序目及卷一、二、卷六抄補，印本亦模糊。

夾漈遺稿三卷　一册

藍格寫本

字跡草率。

苕溪集五十五卷目二卷　六册

綿紙黑格精寫本

原闕二卷。朱古微新刻印據此，而少去雪六〔二〕逸叟識語一則。十行，廿二字。

【校勘記】

〔一〕「六」，似應作「厂」。

王梅谿先生集　十六本

正統刊本

印本亦不好，還覺館本好些。惟可借補闕葉。

止齋先生文集五十二卷　六册

明正德刊本

印本極清，間有鈔補。十三行，廿三字。

止齋先生文集五十二卷　八册

明嘉靖刊本襯

篇目同正德本。但併五十二卷爲廿八卷耳。密行小字，黄紙印。

劉須溪集十卷　四册

傳抄閣本

黑格子鈔，十行，廿一字。

水心先生文集二十九卷　八册

明正統間黎諒編刊本

卷五、六、七、八、九抄補。大梁趙汝讜序後附章貢黎諒序、景泰二年王直序。十二行，二十字，小黑口。

松雪齋文集十卷外集一卷　六册

明繙元本襯

亦精。行欵與元本同。館中闕卷可以此補。目録黑口，餘白口。

淵穎集十二卷附一卷　四册

明嘉靖重刊本

十一行，廿二字。一至四詩，五至十二文。

圭齋文集十六卷　六册

明成化本襯

卷十六爲附録。十一行，廿一字，黑口。序目之卷四精抄補足。

柳待制文集二十卷目二卷　十二册

明天順刊本襯

教諭泰和歐陽溥編輯，訓導江浦郁珎校正。十二行，二十字，黑口。抄補鄭環序、卷三之四、卷十、卷十八之三十九。附録後有校補十六葉，不要印。

清江貝先生集十卷　四本

明初刻本襯

十一行，廿一字，小黑口。印本極好，惜止存詩集。

揭文安公詩集三卷續集二卷　一册

抄本

門生前進士燮理普化校録。楊復吉跋謂「《詩集》係宋賓王手録本，賓王云顧氏《元百家選》據汲古閣刊本，然多有此本所不載者。至《揭文粹》所登文五十七首，俱集中翹楚，賓王乃謂《文粹》之文是其前作，非選粹也，亦不其然」。館中有明抄本，比此爲佳。

揭文安公文集九卷補遺一卷　二册

抄本

此與上册爲一號。文一百廿六首。

揭文安公文粹不分卷　二册

明天順廣州栞本襯

平湖沈琮識云：「勝國文章之盛，稱虞揭氏，而獨虞文板刻盛行，吾家所藏亦惟有虞文揭詩，若文未之見也。今《文粹》若干首近得之南京刑部郎中張君節之，蓋太史楊文貞公所選定云。」十一行，廿字。黄紙印。

元音獨步二卷　一册

影寫正德栞本

分類詩共一百八十二首，詞一首，亦影元進士門生燮理普化集録，當是王浩就元時舊本重編者正德辛巳建業王浩。

東維子文集卅一卷附録一卷　十三册

鈔本襯

華亭孫承序，謂「石湖胡君顒廣其傳，問序於余」云云，末無年月，大約尚是明初刻本也。卷一之十一序，卷十二之二十四記、書後，卷二十二志，卷二十三碑、銘，卷二十四之二十六神道碑、墓碑、墓誌銘、挽辭，卷二十七書、説、論，卷二十八傳、跋，卷二十九之卅一詩，末爲補遺一卷。明初朱昱刻本愛日精廬誤爲元刻本。又有出於此本之外者，如《正統論》爲鐵崖著名之作，此本不載。第十三册爲校字，朱墨塗改，可不必印。

楊鐵崖先生文集七卷　二册

明刊本

明季刊本。首有弘治十四年彬陽馮允中序，卷一序、引、題識，卷二傳、録、信，卷三記、跋、書、辨、論，卷四志、碑、辭、參、贊、箴，卷五説、銘、祭文、墓銘、雜著，共一百卅三首。《史義拾遺》二卷，《西湖竹枝詞》一卷，《香奩》一卷。

鐵崖詩集二卷　一册

抄

詩分體編集，上卷凡七絶一百七十三首，七律二百四十八首，七言古詩十六首。下卷凡七律一百十四首，七言長律五首，七言聯句六首，歌行二十九首。與《鐵崖詩集》《東維子集》均不符，而無五律、五絶諸體，疑出前人摘本。

鐵崖賦稿二卷　一册

抄本

過録勞氏校筆及黄蕘圃跋。《四庫》止録《麗則遺音》四卷，計賦三十二首，此則未刻稿也。賦凡四十八篇，爲洪武三十一年海虞朱燧子新校録，阮氏曾以進呈。

鐵崖詩集十卷　一册

黑格抄本

甲至庚題「鐵崖詩」，辛至癸題「草元閣」。未集卷首題「孫月泉輯録」，末録黄蕘圃跋，謂「所録詩篇不特《東維子集》二卷詩有不符，即吴復所編《古樂府》，章琬所集《復古詩》亦不盡合，當是别據舊本。此分甲至癸爲十卷，與章琬分年詩十卷卷數合，不知是一是二，俟詳考之」。

鐵崖漫稿五卷　五册

抄本

前有無名氏序，已殘闕。又有鐵笛道人傳。卷三末有洪武十四年謝九疇跋，云「余酷喜楊鐵崖先生文章，每詢求於先生門人，或得之朋儕戚黨處，日積月累，手鈔數百篇，成二帙，置之几桉間，何時遇好事者，悉鐫諸梓，以惠來學，得有大快」。卷四末有無名氏跋，云「鐵崖之文多矣，而卒莫能得其全。予幼時以周桐村所録，録文四十九篇，歲戊子至正八年，或自雲間來，别以録稿一帙售余，凡文一百五十首，因以《鐵崖漫稿》目之，而以幼所録者附於後」。細審初止四卷，後一卷，即跋所云「幼時録得」者也。

倪雲林先生詩集六卷附一卷　二册

萬曆間八世孫珵重刻本

九行，二十字，黄紙印。

樂府詩集一百七卷　廿四册

元刊大字本

十一行，二十字，黄紙。

范德機詩集七卷　二册

元麻沙本

十一行，二十字，首題「臨川葛雝仲穆編次，儒學學正孫存吾如山校刊」。黄紙不清。

楊仲弘詩集七卷　一册

明本

嘉靖丙申梅南翁原匯刻，十行，廿字，白紙初印。

盤洲集八十卷　二十四本

白紙抄本襯

抄手尚舊。

范文正公文集　十六册

明十五世孫啓乂刻襯

白紙印本，清，闕葉亦甚少。

黄帝素問靈樞經十二卷　六册

趙府居敬堂刻本

大字。八行，十七字，印本尚清。

駱賓王文集十卷　二册

明刊襯

目云元刊。此□生年已看過。前無郄雲卿序，止有《唐書》列傳。九行，十八字，文字脱誤甚多，不如秦刻多矣。

盧昇之集七卷　一册

抄本

丁氏黑格新鈔，九行，廿一字。

文心雕龍十卷　一册

明嘉靖庚子新安石巖方刊于葵柏山齋。十行，二十字白紙印，有人以朱筆校過，稍有抄配末葉不印。

匏翁家藏集七十卷　六册

明刊本

十二行，廿四字，黄紙印，不甚清。

太玄經十卷　二册

明浙人楊爾賢字聖求重訂，首附唐王涯《説玄》五篇，又《釋文》一卷，版心有「玉鏡堂」三字。

抱經堂文集卅四卷　六册

印本極佳，惜廿二之廿六鈔配。

書林外集七卷　二册

明初精刻

卷一四五言古詩、五言律詩、五言排，卷二之五七言古律，卷六歌行，卷七絶句、詞。存卷一、四、五，凡三卷，十行，廿字，黑口，首有「至正四年夏五月丁未臨川危素書於慶元之涵碧館」云百五十首。此書不入善本，殆以其殘也，然亦罕見之本，惜未帶《祕笈》本一校耳。

眉注：《祕笈》本無序。

毘陵六逸詩鈔　四册

康熙本

山陰孫讜椒圃氏選。有自序、貴陽王嗣衍序。首附《六逸詩話》，爲莊杜芬、徐梅所輯録也。《南田詩輯》五卷四百二十九首，《白雲樓》一卷楊宗發文起，七十四首，《香草堂》五卷胡香昊芋莊，三百八十三首，《西林》五卷陳鍊道柔，三百二十八首，《芑野》四卷唐林靖元，三百五首，《梅坪》三卷董大倫叔魚，二百十一首。

雲川閣集十四卷　二册

雍正乙巳刊

皋里楊繩武序。蔣東委汾功書，餘姚樓儼序，門人王會汾序。十行，廿一字，約二百葉。

十三經注疏　一百三十一本

閩刻九行本

此書目中未見，昨日登樓見善本中有之，紙色微黄，印本中中。

侯鯖録

鮑以文校芸川書屋刊本《侯鯖録》，刊本謬甚，鮑校正不少，然與知不足齋刻本無殊，即其底本也。

四朝聞見録

舊鈔《四朝聞見録》，與知不足齋本無甚異同。

青瑣高議

新鈔

多譌，過録黄蕘圃藏本，有跋。應抄，《别集》不要。

江鄰幾雜志

星鳳閣校字本《江鄰幾雜志》，應影抄，以朱筆録校語。

元刻李杜韓柳集　六十本

此書去年已借閲，因恐所記頁數有誤，故今復借出。李集六十一、四十六第十三頁闕、三十三、四十九、四十一、四十四、四十三、五十七、四十二、三十九、四十五五十頁鈔、四十三。杜集五十三、四十四、三十三、三十七闕一頁、五十四、三十、五十八闕一抄五、四十九、三十一、四十九闕二、五十四、三十八、三十三、五十三抄二、六十、三十二、三十一、二十九。韓集四十五、三十、三十八、二十二、三十四、三十九、四十三、三十五、三十八、三十九、三十三、三十、三十六、三十一、三十六、三十三。柳集四十三、三十五、三十七、二十九、四十二、三十七、三十三、四十、四十一、三十四、三十二、四十一、三十二、二十四。李、杜最好，楊惺吾以爲宋刻大抵宋末元初所刻，良有以也，惟初印者不易得耳。

眉注：黄鶴年譜極佳。

唐陸宣公制誥十卷奏議七卷奏草七卷　三册

明刊

版心上方有「不負堂」三字，十行，廿字，前有權德輿序、蘇軾進奏議劄子、淳熙講筵劄子。一百二十二、九十五、一百二十三。

宣公翰苑集　四本

明萬曆本

此本卷數與上本同，第以奏議、奏草居前，而以制誥居後，編次似未允當。第印本極佳，可入甲等。宣公奏議本擬刊，翠岩精舍本以本子不清，付印甚難，今擬易以不負堂本。

滄浪軒詩集六卷　二册

舊鈔

句吴吕彦貞志學著。彦貞一名敏，見《明詩綜》。至正辛巳六月望日虞集伯生序，十行，十八字。一〇一、一〇三，共二〇四頁。

蕭該漢書音義三卷　一册

抄

該，六朝時人，官國子博士。原十二卷，此爲臧鏞堂所緝。前有序，未知曾刊行否。

五代史記七十四卷

宋刊元補本

版心短而白口者宋刊，長而黑口者元補，亦有明補，然刻工皆精，十行，十八字。宋刻有「慶元五年魯郡曾三異校正」云云。卷一後有朱筆記云「戊戌正月二十四日，用葉石君所藏舊監板本子對讀」。

漢書　十四册

殘宋本

題跋均見《抱經樓藏書記》，前在蘇州顧氏見《司馬相如傳》一本，與此同種。

麈史　一本

抄本

秋崖小稿　二本

目云明活本，似清初活本也。

聞見後録　二本

黄蕘圃校

麈史

未校。取江南柳大中鈔本過録非手鈔粗閲一過，實比知不足齋本爲佳，予昔曾録過一本。

其他散見題跋

涵芬樓讀書録[一]

此册爲光緒宣統間，在涵芬樓典書時雜録，叢脞失當，無足珍者，惟士禮居跋語數十首，爲足珍耳，姑訂而存之。甲寅四月廿日留庵記於商務印書館之編輯所。

蕘翁題跋，滂熹齋潘氏，靈鶼閣江氏，先後爲之收拾付刊，顧零璣碎錦，散在人間者，猶未盡爲二氏所收入也。予留心蒐討，所見既多，此翁手跡，遂覺捫之即辨，彙而録之，冀成三續，未復媵以諸家跋尾，悉自目覩舊刻或舊鈔輯存，斯道不孤，以竢同志之欣賞焉。辛亥十一月六日寒夜書此。留庵。

按孫氏手録原稿，分作兩册，前一題語，寫於首册書面，後一題語，寫於首册第九頁，而此頁首行上端則改題「士禮居未刊題跋記」，余意孫氏當時校讀涵芬樓所藏善本，遇有題跋，隨手擇録，初不限於何人，後以黄蕘圃題跋未刊者，數見不鮮，乃專意録取黄跋，故第二册即全録蕘圃跋語，黄跋部份，余已選録未刊者十數條，登於本刊第二號，此處則僅輯他家跋語，故仍用「涵芬樓讀書録」原名，寬予謹識。

【校勘記】

〔一〕周連寬整理，《上海市立圖書館刊》一九四八年第二期。

宋槧宋印本本草衍義二十卷缺一至五　三册

通直郎添差充收買藥材所辨驗藥材寇宗奭編撰廿字一行。此書墨色圓潤，南宋雕印本中之上乘也。惟間有慶元間補葉，紙墨較遜，半葉十一行，行廿一字，目連正文，魚尾上記字數，下記刻工惟每卷首葉餘略，版心及面皆有楷書朱印「京兆文房」四字，疑即宋時造紙之家，猶天禄琳琅所記諸葛文房之例矣。舊爲海寧周松靄藏，有「周春松靄」「梅花書室」「子孫永昌」等印印朱皆絶佳。此書《四庫》未録，諸家簿録惟平津、傳是、結一三家有之，而平津本〔二〕行款不同，當又是一本。末卷有跋云：右證類本草計版一千六百二，歲月寖更，版字漫漶者十之七八，觀者難之，鳩工刊補，今復成全書矣。時慶元乙卯秋八月癸丑識共四行。跋後空四行記校勘人銜名如下：

儒林郎江西路轉運司主管帳司段　杲

奉議郎江南路轉運司辦公事賜緋魚袋徐　宇

承議郎充江南路轉運司幹辦公事賜緋魚袋曾　亭

朝奉郎充江南西路轉運司主江　涔

朝奉郎權江南西路轉運判官吴　獵此與上隔二行，字跡略大。

【校勘記】

〔一〕「本」原稿作「平」，誤，徑改。

元槧元印古今雜劇

此元時杭州坊本所刊巾廂本，半葉十四行，行廿四字，僞字省筆，充溢行間，蓋坊肆所雕造，猶今之京調唱本，書攤傳賣，不以高文典册視之者也。然雕印精妙，迥非京調唱本之比，宋元本之所以可寶也。第一種題古杭新刊關目的本李太白貶夜郎大字，第二三行題駕上云……高力士云……太真云……禄山云……外末宜住……，然與明琱蟲館本迥然不同，舊藏士禮居，柟木匣上黄氏手題元刻古今雜劇乙編，士禮居藏，此外當有甲編，不知尚存天壤否？予以辛亥首夏觀於吴中，顧氏壬子又見於上海，世無傳本，而獨見於此者，都一十九種，録之如左，見於琱蟲館本者不録。

李太白貶夜郎

關張雙赴西蜀夢

閨怨佳人拜月亭

關大王單刀會

詐妮子調風月

好酒趙元遇上皇

尉遲公三奪槊

諸宮調風月紫雲庭〔一〕

晉文公火燒介子推
東窗事犯
周公輔成王攝政
蕭何追韓信
霍光鬼謀
嚴子陵垂釣七星灘
諸葛亮博望燒屯
張千替殺妻
小張屠焚兒救母

【校勘記】

〔一〕「庭」原稿作「蓬」，誤，徑改。

御題永樂大典卷七千六百二之七千六百三，闊八寸五分，長一尺四寸。

以粗黄絹爲書面，如今洋裝書，半葉八行，行廿四字，除標題卷數單行外，餘皆雙行。寫正文較大，注文較小，各書皆朱書，此爲杭字韵《杭州府》五十一至五十二。朱絲闌，上魚尾書「永樂大典卷幾」，下魚尾下書頁數，皆朱書所寫，爲《武林舊事》之湖山勝概，又《西湖老人繁勝録》，旹至沽昭陽大㟂獻歲青陽孟陬月哉生明正齋誌。已上《都城紀勝》。徐一夔《杭州府志》不全。

重録總校官侍郎臣　高　拱

學士臣　胡正蒙

分校長編修臣　王希烈

書寫儒士臣　汪可宗

圈點監生臣　敖河

臣　孫世良

惠山聽松石牀題字跋〔一〕

聽松石牀題字，據吴平齋酺禊室拓本鈎出，又廣輯諸家題跋坿於其後，暇日擬撰考以正諸家之譌云。丁巳六月朔日，留菴記。

【校勘記】

〔一〕《惠山聽松石牀題字跋》，原本爲南圖所藏，沈燮元先生鈔録供稿。

盋山文録詩録跋〔一〕

己未六月五日，石公後人貞甫孝廉所詒。是日天氣熱甚，午間送姜君佐禹至江南圖書館，爲商務印書館校印《四部叢栞》。留菴記於南京大行宫華洋旅館。

【校勘記】

〔一〕《盋山文録詩録跋》，出自西泠印社拍賣圖録，沈燮元先生鈔録供稿。

結一廬書目跋〔一〕

仁和朱脩伯先生生長武林，夙聞吴瓶花、孫壽松、汪振綺之遺風。咸豐癸丑，通籍官户部，適值徐星伯、韓小亭、彭文勤及怡邸之藏書散落廠肆，不惜重值購藏，居然富有。公子子清〔二〕、子涵皆克守楹書，子清尤工搜訪，冷攤小市，無往不到，頗有今傳提學增湘之風。子清既没，書籍亦散，其菁華悉歸豐潤張幼樵佩倫，其奇零散之市肆，此蓋光緒丙申年事子涵校刻《金石録》、劉賓客、張燕公、司空表聖三唐人文集，題曰「朱氏賸餘叢書」，蓋在藏書既散之後矣。今則賸餘之版，亦售諸劉氏。張氏之書皆存金陵，辛亥之變，其公子仲昭移家青島，宋元精本携以自隨，餘書都爲人掠去矣。予亦收得數種，驗之此目，無不脗合者。目有二刻，一爲沈氏晨風閣本，一爲葉氏觀古閣本。兩者相校，葉本爲勝。甲寅之春，内人手鈔成之，蘭閨清課，亦可紀也。乙卯六月十六日，毓修書尾。

【校勘記】

〔一〕《結一廬書目跋》，出自西泠印社拍賣圖録，沈燮元先生鈔録供稿。其内「脩」「盖」等字，遵沈先生所囑，不改通行字而存其原來面目。

〔二〕「清」原稿作「青」，誤，徑改。

論古閒睟跋〔一〕

右《論古閒睟》一册，鄉先輩張幼韓先生之遺書也。先生行誼略具武進臧氏跋語中。《無錫縣志·文苑傳》更稱先生喜昌黎文，足振八代之衰，故名韓。詩學陶、杜，家居食貧而不作呻吟語，遇良辰高會，跌蕩詼嘲，傾其座人。治經尤善於《易》。集其詩文曰《率無雜著》五卷云。此册雜論史事，如甌北《札記》。太倉顧氏謏聞齋藏本也。鈔校未精，加以膩塵殘蠹，殘闕滋多，重其爲鄉賢未刻之孤本，假歸録之。其所不知，蓋闕如也。宣統庚戌二月上旬始，三月三日畢。鐙下留庵記。

【校勘記】

〔一〕《論古閒睟跋》，出自《蛾術軒篋存善本書録》上册第一八八頁，上海古籍出版社，二〇〇二年十二月。沈燮元先生鈔録供稿。

存雅堂遺稿跋〔一〕

宣統二年龍集庚戌，八月初十日，鐙下録畢，時雨後新涼。

【校勘記】

〔一〕《存雅堂遺稿跋》，出自《蛾術軒篋存善本書録》上册第二五一頁，上海古籍出版社，二〇〇二年十二月。沈燮元先生鈔録供稿。

東城雜記〔一〕

清厲鶚撰

清吴氏拜經樓鈔本

「千元十駕」，謂千部之元足抵百部之宋，盖取駑馬十駕之義。此説見於士禮居跋文者也，今人誤「駕」爲「架」，潘鄭菴有朱記云「廛分百宋，架奪千元」，亦未免誤解。留菴記。

厲氏《東城雜記》手稿，今藏江南圖書館，因借校焉。「如此江山」一則爲稿本所無，稿本有而此本無者十則，異同者一則，因手録之柎訂卷尾。辛苦浹旬，昕藏拜經樓中時差完善矣。鮑以文跋：《庶齋老斈叢談》謂樊榭遺書多爲東觳軒郁氏所得，則此稿亦當歸之。吴氏故思借校也。海昌武林近在咫尺，乃空懸結想，莫遂一鴖，編於滄桑易世、諸老風流闃寂之後。追成其願，思之不更奇耶？是不可以不記。乙卯六月二十二日夏至，孫毓修書，時小病初起，宿雨新晴。

【校勘記】

〔一〕《東城雜記》孫氏題識與跋語，均爲沈燮元先生影印供稿。

汲古閣珍藏祕本書目一卷〔一〕

清嘉慶三年吾德寧鈔本

丁氏《持静齋書目·鈔本·史部》：《汲古閣珎藏書目》一册，鈔本卷末有嘉慶戊午笏山手鈔，不知爲何人？即此是也。今行世本惟有黄氏士禮居刻。《藝風堂文續集》卷六《士禮居藏書題跋記》書後坿刊《士禮居刊行書目》，知全書以分年而成，《汲古閣書目》栞於嘉慶庚申，此本鈔於戊午，在黄刻前三年，是據舊本轉寫，固足寶重，不徒以字畫之精有經生寫書之槩而已。對校黄刻，互有詳略，當是舊本如此。新朝甲寅年十二月，無錫孫毓修識。

【校勘記】

〔一〕《汲古閣珍藏祕本書目》跋，爲沈燮元先生影印供稿。

後村先生大全集〔一〕

清道光張氏愛日精廬鈔本

先夫梁溪孫氏小淥天主人也，名毓修，字星如，别號留菴。愛書如命，費三十年之心苦，積古書數萬卷，皆善本而世所罕有者。且又善於班本之學，工餘之假，又校書之終夜。常云某書於某藏書家藏過、某某大人物校過，余耳熟焉，故能記也。此劉後村先生之《大全集》，彼平生所喜之書，尤其寶貴，且照宋本皆親筆校過，所以余知此書雖是舊抄本，實有一無二之好書也。民國戊辰仲秋月朔日孫顧希昭跋於上海寓樓。

【校勘記】

〔一〕《後村先生大全集》跋，爲孫毓修夫人顧希昭所撰，沈燮元先生影印供稿。因與孫氏藏書校書相關，故亦予收入。

洛神賦閑邪公家傳跋〔一〕

余家舊藏趙吴興帖綦偹，惜幼時不自收拾，苓落罕存，惟《洛神賦》《閑邪公傳》二種猶完善，鈎勒波磔，俱見神態，迥非時本可擬，爲之贊曰：書之松雪，文之沈任。泥金百楲，鏤珉千尋。朱絃絙瑟，金徽拭琹。匪曰琱華，忍俊不禁。光緒己亥浴佛日裝潢畢，跋於五畝園。

二帖裝於光緒己亥，至今十五六年矣。《閑邪公帖》，兒時恒見先父扃於篋中，家務清閒時，則取出臨撫數紙，其事宛在目前也。甲寅七月廿八日，溽暑中，偶於及之，因書數行以記先人手澤。毓修謹記。

【校勘記】

〔一〕《洛神賦》《閑邪公家傳》拓本跋，據博古齋拍賣圖録（網絡。二〇〇九年十二月）整理。

小渌天藏書目

整理凡例

一　本目録是在孫氏稿本《小緑天藏書志》兩册、孫氏稿本《小緑天藏書目》四册、民國鉛印本《小淥天孫氏鑒藏善本書目》一册的基礎上整理而成，又據孫氏稿本《留庵編年書目》一册增補，共計一千二百五十四條。

一　凡在上述四種目録中，題名確認重複的記録，僅保留書名、卷次、版本相對完整的一條（一般保留《小緑天藏書目》卷一或第一册中的記録，因此册較明確爲孫氏釐定），其他目録相關内容可作補充者，亦酌加採用。

一　本目録依傳統經、史、子、集、叢的分類法分部著録，每一部下分類，類下再分細目。

一　遇又一部者，則於重複書名後加「又」表示。書名或著者名有别稱的，以小字標注於原書名、原著者之後。

一　藏書目整理，著者一項孫氏有著録有不著録，今據通行目録將著者項補完，無法考定者暫闕。

一　書名次行爲版本，若有其他相關信息，如藏印、牌記、孫氏原文小注等，則以小字補充列於其後；各項内容原缺者略過。

一　書目最末行爲本條書目來源，均以簡稱表示，【志】爲《小緑天藏書志》有著録；【目】爲《小緑天藏書目》有著録；【鑒藏】爲《小淥天孫氏鑒藏善本書目》有著録；【編年】爲以《留庵編年書目》增補。

一　原目有明顯字詞錯誤者，整理時改正，均出校勘記。

一　每書各編一號，列於該條之後，以便徵引之用。

經

經部・易類

周易本義十二卷 （宋）朱熹撰 二册

武英殿繙宋刊本開化紙初印

書目來源：【目】【鑒藏】

經〇〇一〇〇〇〇〇〇〇〇一

周易本義不分卷 （宋）朱熹撰 二册

武英殿翻宋大字本，開化紙印

書目來源：【目】

經〇〇一〇〇〇〇〇〇〇〇二

周易本義（宋）朱熹撰　四册

劉氏覆宋本羅紋紙

書目來源：【鑒藏】

經〇〇一〇〇〇〇〇〇〇〇三

周易十卷　二册

校宋本

書目來源：【目】

經〇〇一〇〇〇〇〇〇〇〇四

周易上經下經　二册

書目來源：【目】

經〇〇一〇〇〇〇〇〇〇〇五

周易集解十七卷 （唐）李鼎祚撰

明胡孝轅刊本，毛西河批校

書目來源：【目】

經〇〇一〇〇〇〇〇〇〇〇〇六

周易口訣義 （唐）史徵撰 二册

内聚珍本

書目來源：【鑒藏】

經〇〇一〇〇〇〇〇〇〇〇〇七

乾坤鑿度二卷周易乾鑿度二卷鑒藏：乾坤鑿度、周易乾坤鑿度。 （漢）鄭玄注 二册

明影宋精寫本宋諱缺筆，手畫烏絲欄，極工。

書目來源：【目】【鑒藏】

經〇〇一〇〇〇〇〇〇〇〇〇八

周易鑿度二卷　（漢）鄭玄注　一册

書目來源：【目】

經〇〇一〇〇〇〇〇〇〇〇〇九

參同契三卷　一册

明藩本

書目來源：【目】

經〇〇一〇〇〇〇〇〇〇一〇

參同契二卷參同契三卷　一册

明趙府味經堂刊本，天一閣藏印

書目來源：【目】【鑒藏】

經〇〇一〇〇〇〇〇〇〇〇一一

易象意言　（宋）蔡淵撰　一册

内聚珍本

書目來源：【目】【鑒藏】

經〇〇一〇〇〇〇〇〇〇〇一二

易解　九册

明本

書目來源：【鑒藏】

經〇〇一〇〇〇〇〇〇〇〇一三

易原　（宋）程大昌撰　二册

内聚珍板

書目來源：【目】【鑒藏】

經〇〇一〇〇〇〇〇〇〇〇一四

易緯　（清）喬松年輯　二册

書目來源：【目】

經〇〇一〇〇〇〇〇〇〇〇一五

郭氏傳家易説　（宋）郭雍撰　八册

内聚珍板

書目來源：【目】【鑒藏】

經〇〇一〇〇〇〇〇〇〇〇一六

欽定周易折中二十二卷　（清）李光地等撰

書目來源：【目】

經〇〇一〇〇〇〇〇〇〇〇一七

虞氏易禮　一册

書目來源：【目】

經〇〇一〇〇〇〇〇〇〇〇一八

厚齋易學附録一卷

書目來源：【編年】

經〇〇一〇〇〇〇〇〇〇一九

經部·書類

尚書疏義六卷 （元）馬道貫撰 二册

太倉顧氏謏聞齋寫本未刊孤本

書目來源：【志】【目】【鑒藏】

經〇〇二〇〇〇〇〇〇〇〇一

禹貢指南 （宋）毛晃撰 二册

内聚珍本

書目來源：【目】【鑒藏】

經〇〇二〇〇〇〇〇〇〇〇〇二

禹貢錐指二十卷圖一卷　(清)胡渭撰

書目來源：【目】

經〇〇二〇〇〇〇〇〇〇〇〇三

禹貢錐指要删　二册

先君子手稾本

書目來源：【目】

經〇〇二〇〇〇〇〇〇〇〇〇四

禹貢錐指要删二十一卷　四册

寫出清本

書目來源：【目】

經〇〇二〇〇〇〇〇〇〇〇〇五

尚書質疑　二册

書目來源：【編年】

經〇〇二〇〇〇〇〇〇〇〇六

經部・詩類

韓詩外傳詩外傳　（漢）韓嬰撰　四册

明野竹齋繙元刊本，白綿紙大字本。

書目來源：【志】【目】【鑒藏】

經〇〇三〇〇〇〇〇〇〇〇一

韓詩外傳十卷　（漢）韓嬰撰　四册

明嘉靖間薛氏芙蓉泉書屋倣宋刊本

書目來源：【志】【目】【鑒藏】

經〇〇三〇〇〇〇〇〇〇〇〇二

韓詩傳外譚第一卷起至十卷　（漢）韓嬰撰　四册

書目來源：【目】

經〇〇三〇〇〇〇〇〇〇〇〇三

絜齋毛詩講義附甕牖間評　（宋）袁燮撰　六册

内聚珍本

書目來源：【鑒藏】

經〇〇三〇〇〇〇〇〇〇〇〇四

絜齋毛詩經筵講義　（宋）袁燮撰　一册

書目來源：【目】

經〇〇三〇〇〇〇〇〇〇〇〇五

絜齋毛詩　（宋）袁燮撰　二册
聚珍板
書目來源：【目】
經〇〇三〇〇〇〇〇〇〇〇六

詩總聞　（宋）王質撰　四册
内聚珍板
書目來源：【目】【鑒藏】
經〇〇三〇〇〇〇〇〇〇〇七

續家塾讀詩記續呂氏家塾讀詩記　（宋）戴溪撰　三册
内聚珍本
書目來源：【目】【鑒藏】
經〇〇三〇〇〇〇〇〇〇〇八

詩論　（宋）程大昌撰　一册

康熙精刻

書目來源：【鑒藏】

經〇〇三〇〇〇〇〇〇〇〇〇九

詩論　（宋）程大昌撰　二册

内聚珍本

書目來源：【鑒藏】

經〇〇三〇〇〇〇〇〇〇〇一〇

欽定詩經傳説彙纂二十卷序二卷

書目來源：【目】

經〇〇三〇〇〇〇〇〇〇〇一一

詩考補注補遺　（清）丁晏撰　一册

書目來源：【目】

經〇〇三〇〇〇〇〇〇〇〇一二

詩考補遺　一册

書目來源：【目】

經〇〇三〇〇〇〇〇〇〇〇一三

鄭氏詩譜考正　（清）丁晏撰　一册

書目來源：【目】

經〇〇三〇〇〇〇〇〇〇〇一四

毛詩日箋　（清）秦松齡撰　一册

尊賢堂藏板，原刻初印

書目來源：【目】【鑒藏】

經〇〇三〇〇〇〇〇〇〇〇一五

經部・禮類・周禮

杜註考工記　（唐）杜牧注　一册

書目來源：【目】

經〇〇四〇〇一〇〇〇〇〇〇一

戴氏〔一〕考工記圖注　（清）戴震撰　一册

書目來源：【目】

經〇〇四〇〇一〇〇〇〇〇〇二

【校勘記】

〔一〕「戴氏」，原作「載氏」，誤，逕改。

經部・禮類・儀禮

儀禮疏五十卷　（唐）賈公彦等撰　八册

汪刻初印
書目來源:【目】【鑒藏】
經〇〇四〇〇二〇〇〇〇〇〇一

儀禮釋宫集 (宋)李如圭撰 一册
内聚珍本
書目來源:【目】【鑒藏】
經〇〇四〇〇二〇〇〇〇〇〇二

儀禮識誤 (宋)張淳撰 一册
書目來源:【目】
經〇〇四〇〇二〇〇〇〇〇〇三

喪服考一卷儀禮喪服或問一卷戴記喪禮或問一卷 (清)華學泉撰 一册
舊寫本沈氏椒園、盧氏抱經樓舊藏。

書目來源：【志】【目】

經〇〇四〇〇二〇〇〇〇〇〇四

經部・禮類・禮記

大戴禮記十三卷　（漢）戴德撰　四册

明嘉靖癸巳袁氏嘉趣堂翻刻宋本

書目來源：【目】

經〇〇四〇〇三〇〇〇〇〇〇一

大戴禮　（漢）戴德撰　二册

劉氏覆宋本羅紋紙

書目來源：【鑒藏】

經〇〇四〇〇三〇〇〇〇〇〇二

禮記二十卷釋文四卷考異三卷　七册〔一〕

陽城張氏翻宋撫州本初印

書目來源：【目】【鑒藏】

經〇〇四〇〇三〇〇〇〇〇〇三

【校勘記】

〔一〕「鑒藏」目作八册。

宋撫州本禮記注　（漢）鄭玄注　八册

書目來源：【目】

經〇〇四〇〇三〇〇〇〇〇〇四

禮記集説　（元）陳澔撰

書目來源：【目】

經〇〇四〇〇三〇〇〇〇〇〇五

禮記釋注上下　（清）丁晏撰　二册

書目來源：【目】

經〇〇四〇〇三〇〇〇〇〇〇六

禮書通故　（清）黄以周撰

書目來源：【目】

經〇〇四〇〇三〇〇〇〇〇〇七

儒行集略

書目來源：【編年】

經〇〇四〇〇三〇〇〇〇〇〇八

經部·春秋類·左傳

左繡三十卷　（清）馮李驊評輯，（清）陸浩評輯刊本幼時讀本，先人朱筆校注並圈點。
書目來源：【目】
經〇〇五〇〇一〇〇〇〇〇〇一

經部·春秋類·公羊

公羊傳解詁　（漢）何休撰
書目來源：【志】【目】
經〇〇五〇〇二〇〇〇〇〇〇一

春秋公羊經傳解詁　（漢）何休撰　四册
書目來源：【目】
經〇〇五〇〇二〇〇〇〇〇〇二

公羊傳注　（漢）何休註　四册

汪刻皮紙

書目來源：【鑒藏】

經〇〇五〇〇二〇〇〇〇〇〇三

春秋繁露　（漢）董仲舒撰　四册

影鈔宋本

書目來源：【鑒藏】

經〇〇五〇〇二〇〇〇〇〇〇四

春秋繁露十卷　（漢）董仲舒撰　四册

影寫明蘭雪堂活字本

書目來源：【目】

經〇〇五〇〇二〇〇〇〇〇〇五

春秋繁露　（漢）董仲舒撰　二册

内聚珍板

書目來源：【目】【鑒藏】

經〇〇五〇〇二〇〇〇〇〇〇六

春秋繁露十七卷 （漢）董仲舒撰 二册

盧抱經校刻本

書目來源：【目】【鑒藏】

經〇〇五〇〇二〇〇〇〇〇〇七

經部・春秋類・穀梁

春秋穀梁經傳補注 （晉）范寧集解 八册

書目來源：【鑒藏】

經〇〇五〇〇三〇〇〇〇〇〇一

經部·春秋類·春秋總義

春秋經傳集解三十卷 (晉)杜預注 一二册
明嘉靖間重刊岳氏相臺本
書目來源：【目】
經〇〇五〇〇四〇〇〇〇〇〇一

春秋經傳集解 (晉)杜預注 二〇册
書目來源：【目】
經〇〇五〇〇四〇〇〇〇〇〇二

春秋經傳集解 (晉)杜預注 一〇册
書目來源：【目】
經〇〇五〇〇四〇〇〇〇〇〇三

明初本春秋集傳第一卷起至十五卷　四册

明初嘉靖本，白綿紙。

大藏書家藏過，各有圖章。

「新安東山趙汸輯編，後學永豐夏鎧校正。」

書目來源：【目】【鑒藏】

經〇〇五〇〇四〇〇〇〇〇〇四

春秋權衡十七卷　（宋）劉敞撰　二册

舊寫本

書目來源：【目】【鑒藏】

經〇〇五〇〇四〇〇〇〇〇〇五

春秋傳説例　（宋）劉敞撰　一册

書目來源：【志】【目】

經〇〇五〇〇四〇〇〇〇〇〇六

春秋辨疑〔一〕 （宋）蕭楚撰 一册

聚珍板

書目來源：【目】

經〇〇五〇〇四〇〇〇〇〇〇七

【校勘記】

〔一〕「春秋辨疑」，原作「春秋辦疑」，誤，徑改。

春秋辨疑 （宋）蕭楚撰 二册

抱經堂刻本

書目來源：【目】【鑒藏】

經〇〇五〇〇四〇〇〇〇〇〇八

經部・四書類・論語

論語序第一卷起至十卷共十卷　五册

大字宋刻，桃花紙。

書目來源：【目】

經〇〇六〇〇一〇〇〇〇〇〇一

論語注疏　（三國魏）何晏集解　二册

劉氏覆元本羅紋紙

書目來源：【鑒藏】

經〇〇六〇〇一〇〇〇〇〇〇二

經部・四書類・孟子

孟子序第一號起至十四卷共十四卷　七册

大字宋刻，桃花紙。

書目來源：【目】

經〇〇六〇〇二〇〇〇〇〇〇一

蘇批孟子■卷　（宋）蘇洵撰　二册

明刊朱墨本

書目來源：【目】

經〇〇六〇〇二〇〇〇〇〇〇二

孟子節文七卷　二册

明裝洪武刻本，大字本，皮紙。

書目來源：【目】【鑒藏】

經〇〇六〇〇二〇〇〇〇〇〇三

經部·四書類·四書合刊

四書十九卷　一四册

武英殿翻宋大字本，開化紙印。

書目來源：【目】

經〇〇六〇〇三〇〇〇〇〇〇一

四書：大學章句一卷

書目來源：【目】

經〇〇六〇〇三〇〇〇〇〇〇二

四書：中庸章句一卷

書目來源：【目】

經〇〇六〇〇三〇〇〇〇〇〇三

四書：論語十卷

書目來源：【目】

經〇〇六〇〇三〇〇〇〇〇〇〇四

四書：孟子七卷

書目來源：【目】

經〇〇六〇〇三〇〇〇〇〇〇〇五

舊刻静誌齋藏書大學衍義第一卷起至四十三卷　（宋）真德秀撰　八册

元刻白綿紙，有印。

書目來源：【目】

經〇〇六〇〇三〇〇〇〇〇〇〇六

大學衍義四十三卷　（宋）真德秀撰　八册

明弘治刊本，皮紙。

有蘭山宋氏石經堂鈢記

書目來源：【志】【目】【鑒藏】

經〇〇六〇〇三〇〇〇〇〇〇七

大學序第一卷起至三十九卷　一册

書目來源：【目】

經〇〇六〇〇三〇〇〇〇〇〇八

中庸序第一卷起至六十九卷　一册

《學》《庸》二册皆大字宋板白綿紙，有藝風堂藏書圖章及雲輪閣、荃孫三印。《四書》一部全，共計十四册。

書目來源：【目】

經〇〇六〇〇三〇〇〇〇〇〇九

自課録

書目來源：【編年】

經〇〇六〇〇三〇〇〇〇〇〇一〇

經部・孝經類

欽定孝經傳説彙纂二十四卷

書目來源：【目】

經〇〇七〇〇〇〇〇〇〇〇〇〇一

經部・小學類・訓詁・爾雅

爾雅翼二十二卷　（宋）羅願撰　八册

明正德翻宋本

書目來源：【志】【目】

經〇〇八〇〇一〇一〇〇〇〇一

經部·小學類·訓詁·群雅

廣雅疏證十卷音釋十卷 （清）王念孫撰　七册

高郵王氏刊本原刻初印

書目來源：【目】【鑒藏】

經〇〇八〇〇一〇二〇〇〇〇一

篆文釋名疏證 （清）畢沅撰　二册

江聲寫刻本初印

書目來源：【鑒藏】

經〇〇八〇〇一〇二〇〇〇〇二

廣釋名 （清）張金吾撰　一册

愛日精廬刻本

書目來源：【鑒藏】

經〇〇八〇〇一〇二〇〇〇〇三

經部·小學類·訓詁·方言

方言十三卷 （漢）揚雄撰 二册

抱經堂本，初印本。

書目來源：【目】【鑒藏】

經〇〇八〇〇一〇三〇〇〇〇一

校宋本方言 （漢）揚雄撰 二册

杭州刻本

書目來源：【目】

經〇〇八〇〇一〇三〇〇〇〇二

經部・小學類・訓詁・字詁

助字辨略五卷　（清）劉淇撰　五册

海源閣刻本，秀水高伯平校樣本。

書目來源：【目】【鑒藏】

經〇〇八〇〇一〇四〇〇〇〇一

經部・小學類・字書・説文

説文解字三十卷標目一卷　（漢）許慎撰　一六册

汲古閣初印未改本，孫淵如、顧千里、洪頤煊校校宋本。

書目來源：【目】

經〇〇八〇〇二〇一〇〇〇〇一

注許氏説文三十卷

原刊本

書目來源：【目】

經〇〇八〇〇二〇一〇〇〇〇二

説文古籒補十二卷補遺一卷 （清）吴大澂撰 二册

原刻初印

書目來源：【目】【鑒藏】

經〇〇八〇〇二〇一〇〇〇〇三

六書韵徵 （清）安吉撰 六册

錫山安吉原刻

書目來源：【鑒藏】

經〇〇八〇〇二〇一〇〇〇〇四

說雅 （清）朱駿聲撰　一册

書目來源：【目】

經〇〇八〇〇二〇一〇〇〇〇五

六書古微　二册

書目來源：【編年】

經〇〇八〇〇二〇一〇〇〇〇六

經部・小學類・字書・字典

康熙字典 （清）張玉書等奉敕撰　一册

書目來源：【目】

經〇〇八〇〇二〇二〇〇〇〇一

經部・小學類・字書・字體

復古篇二卷復古編　（宋）張有撰　二册

葛氏刊本，初印。

書目來源：【目】【鑒藏】

經〇〇八〇〇二〇三〇〇〇〇一

隸釋二十七卷隸續二十一卷　（宋）洪适撰　一二册〔一〕

乾隆戊戌汪氏樓松書屋刊本初印

書目來源：【目】【鑒藏】

經〇〇八〇〇二〇三〇〇〇〇二

【校勘記】

〔一〕《鑒藏》著録爲一〇册。

隸辨八卷　(清)顧藹吉撰　八册
玉煙堂刊本最初印
書目來源：【目】【鑒藏】
經〇〇八〇〇二〇三〇〇〇〇三

六藝綱目二卷六藝發原一卷字原一卷　(元)舒天民撰　二册
劉氏嘉蔭簃精刻本
書目來源：【目】
經〇〇八〇〇二〇三〇〇〇〇四

經部·小學類·韻書·集韻

中原音韻　(元)周德清撰　二册
影元本

書目來源：【鑒藏】

經○○八○○三○一○○○○一

中原音韻一卷 （元）周德清撰 一册

陸敕先寫本黄蕘圃跋

書目來源：【目】

經○○八○○三○一○○○○二

韵徵十六卷無錫安吉 （清）安吉撰 四册

錫山安念祖手鈔本

書目來源：【志】【目】【鑒藏】

經○○八○○三○一○○○○三

古韵溯源八卷 （清）安念祖，（清）華湛恩輯 二册

道光己亥刊本原刻初印

書目來源：【目】【鑒藏】

經〇〇八〇〇三〇一〇〇〇〇四

古韵溯源八卷 （清）安念祖輯　二册

親仁堂開刊

書目來源：【目】

經〇〇八〇〇三〇一〇〇〇〇五

經部・經總類・傳説

鄭志 （三國魏）鄭小同編　三册

内聚珍本

書目來源：【鑒藏】

經〇〇九〇〇一〇〇〇〇〇〇一

五經翼二十卷　孫承澤輯

書目來源：【目】【鑒藏】

經〇〇九〇〇一〇〇〇〇〇二

經義雜記三十卷叙録一卷　（清）臧琳撰　六册

拜經樓刻本原刻本

周星詒跋，戴子高藏書印並手題在荷瓣上。

書目來源：【志】【目】【鑒藏】

經〇〇九〇〇一〇〇〇〇〇三

述學　（清）汪中撰　一册〔二〕

汪氏藏板原刻本，初印，闊大。

書目來源：【目】【鑒藏】

經〇〇九〇〇一〇〇〇〇〇四

【校勘記】

〔一〕《鑒藏》著録爲二册。

鍾山札記四卷龍城札記四卷　（清）盧文弨撰

書目來源：【目】

經〇〇九〇〇一〇〇〇〇〇五

經部·經總類·文字音義

經典釋文序録　一册

書目來源：【目】

經〇〇九〇〇二〇〇〇〇〇〇一

經部·經總類·師承沿革

通經表　（清）畢沅撰　一册

書目來源：【目】
經〇〇九〇〇三〇〇〇〇〇〇〇一

傳經表　（清）畢沅撰　一册
書目來源：【目】
經〇〇九〇〇三〇〇〇〇〇〇〇二

授經圖二十卷　（明）朱睦㮮撰　四册
舊寫本
書目來源：【目】【鑒藏】
經〇〇九〇〇三〇〇〇〇〇〇〇三

史

史部・正史類

史記一百三十卷　（漢）司馬遷撰　四〇册

明王延喆重刊宋黄善夫本初印本

楊惺吾手跋

書目來源：【志】【目】

史〇〇一〇〇〇〇〇〇〇〇一

史記　（漢）司馬遷撰　二八册

嘉靖本

書目來源：【鑒藏】

史〇〇一〇〇〇〇〇〇〇〇〇二

欽定史記　一二册

書目來源：【目】

史〇〇一〇〇〇〇〇〇〇〇〇三

史記正義一百三十卷　（唐）張守節撰　三二册

明王延喆翻宋本

書目來源：【目】

史〇〇一〇〇〇〇〇〇〇〇〇四

史記志疑三十六卷　（清）梁玉繩撰　一〇册

原刊本初印

錢以成、莫子偲舊藏。

書目來源：【目】【鑒藏】

史〇〇一〇〇〇〇〇〇〇〇五

漢書一百二十卷後漢書一百二十卷　（漢）班固撰　六〇册

明北監刊本初印本

高麗人舊藏並簽題

書目來源：【志】【目】

史〇〇一〇〇〇〇〇〇〇〇六

欽定前後漢　一六册

書目來源：【目】

史〇〇一〇〇〇〇〇〇〇〇七

欽定後漢　一六册

書目來源：【目】

史〇〇一〇〇〇〇〇〇〇〇〇八

欽定三國志 八册

書目來源：【目】

史〇〇一〇〇〇〇〇〇〇〇〇九

三國志辨誤〔一〕 一册

書目來源：【目】

史〇〇一〇〇〇〇〇〇〇〇一〇

【校勘記】

〔一〕「辨誤」，原作「辦誤」，誤，徑改。

南唐書三十卷 （宋）馬令撰 六册

明嘉靖庚戌姚昭刊元本白綿紙

孫氏小李山房舊藏

書目來源：【志】【目】

史〇〇一〇〇〇〇〇〇〇一一

【校勘記】

〔一〕「孫氏」疑爲「李氏」之誤。

南唐書三十卷南唐書十八卷附戚光音釋南唐年世總釋 （宋）馬令撰　一册

汲古閣刊初印本

莫子偲舊藏

書目來源：【志】【目】【鑒藏】

史〇〇一〇〇〇〇〇〇〇一二

舊唐書 （後晉）劉昫等撰　一册

嘉靖刊

書目來源：【目】

史〇〇一〇〇〇〇〇〇〇〇一三

唐書二百卷　四〇册

明刊本

書目來源：【目】

史〇〇一〇〇〇〇〇〇〇〇一四

五代史記　（宋）歐陽修撰　一〇册

劉氏覆宋本羅紋紙

書目來源：【目】【鑒藏】

史〇〇一〇〇〇〇〇〇〇〇一五

五代史纂誤　（宋）吴縝撰　一册

内聚珍本

書目來源：【鑒藏】

史〇〇一〇〇〇〇〇〇〇〇〇一六

史部·編年類

前漢紀三十卷後漢紀三十卷 （漢）荀悦撰　二〇册

明嘉靖戊申黄姬水刊宋本皮紙本

書目來源：【志】【目】【鑒藏】

史〇〇二〇〇〇〇〇〇〇〇〇一

嚴先生通鑑補正略三卷嚴永思通鑑補正　（明）嚴衍撰　二册

道光張敦仁本竹紙古色紙面，初印。

書目來源：【志】【鑒藏】

史〇〇二〇〇〇〇〇〇〇〇〇二

通鑑釋文辯誤　（元）胡三省撰　一册

書目來源：【目】

史〇〇二〇〇〇〇〇〇〇〇〇〇三

續資治通鑑　（清）畢沅編集　四〇册

書目來源：【目】

史〇〇二〇〇〇〇〇〇〇〇〇〇四

通鑑明紀　八册

書目來源：【目】

史〇〇二〇〇〇〇〇〇〇〇〇〇五

通鑑明記　一册

書目來源：【目】

史〇〇二〇〇〇〇〇〇〇〇〇〇六

史部・紀事本末類

左傳紀事本末　（清）高士奇撰　二册
書目來源：【目】
史〇〇三〇〇〇〇〇〇〇〇一

通鑑紀事本末　（宋）袁樞撰　二六册
書目來源：【目】
史〇〇三〇〇〇〇〇〇〇〇二

宋史紀事本末　（明）馮琦原編　八册
書目來源：【目】
史〇〇三〇〇〇〇〇〇〇〇三

遼史紀事本末　（清）李有棠撰　二册

書目來源：【目】

史〇〇三〇〇〇〇〇〇〇〇四

西夏紀事本末　（清）張鑑撰　二册

書目來源：【目】

史〇〇三〇〇〇〇〇〇〇〇五

金史紀事本末　（清）李有棠撰　四册

書目來源：【目】

史〇〇三〇〇〇〇〇〇〇〇六

元史紀事本末　（明）陳邦瞻編輯；（明）張溥論正　二册

書目來源：【目】

史〇〇三〇〇〇〇〇〇〇〇七

明史紀事本末　（清）谷應泰撰　七册
書目來源：【目】
史〇〇三〇〇〇〇〇〇〇〇〇八

史部·雜史類

國語三卷　二册
明初槧本
莫友芝手校
書目來源：【志】
史〇〇四〇〇〇〇〇〇〇〇〇一

國語補音三卷　（宋）宋庠撰　二册
明刊本

莫子偲校跋，有沈石田、豐道生鈢記。
書目來源：【目】
史〇〇四〇〇〇〇〇〇〇〇〇二

中朝故事 （南唐）尉遲偓撰　一册
書目來源：【目】
史〇〇四〇〇〇〇〇〇〇〇〇三

中興禦侮録二卷 （宋）佚名撰
書目來源：【目】
史〇〇四〇〇〇〇〇〇〇〇〇四

清溪弄兵録一卷建炎維揚遺録一卷采石瓜洲斃亮記一卷附録一卷中興禦侮録二卷襄陽守城録一卷志：青溪弄兵録一卷；鑒藏：清溪弄兵録六種 （宋）王彌大等輯　一册
舊寫本

有何義門鈢記，書唇隸書絶工。
書目來源：【志】【目】【鑒藏】
史○○四○○○○○○○○○五

建炎維揚録一卷　（宋）佚名撰
書目來源：【目】
史○○四○○○○○○○○○六

采石瓜洲斃亮記一卷附録一卷　（宋）蹇駒撰
書目來源：【目】
史○○四○○○○○○○○○七

南渡録大略一卷竊憤録一卷續録一卷阿計替傳一卷　（宋）辛棄疾撰　一册
舊寫本
有楓溪戴二蕉鈢記

書目來源：【志】【目】【鑒藏】

史〇〇四〇〇〇〇〇〇〇〇八

襄陽守城録一卷 （宋）趙萬年撰

書目來源：【目】

史〇〇四〇〇〇〇〇〇〇〇九

南燼紀聞録一卷 （宋）辛棄疾撰

書目來源：【目】

史〇〇四〇〇〇〇〇〇〇一〇

烏臺詩案一卷 （宋）朋九萬輯 一册

舊抄本

休寧汪季青藏印

書目來源：【目】【鑒藏】

史〇〇四〇〇〇〇〇〇〇〇〇一一

烏臺詩案　（宋）朋九萬輯　一册

舊精抄本

有四明盧氏抱經樓藏書印、古香樓印、海寧程季青珍藏書籍印。

書目來源：【目】

史〇〇四〇〇〇〇〇〇〇〇〇一二

金國南遷録一卷　（金）張師顔撰　一册

舊抄本

書目來源：【志】【目】【鑒藏】

史〇〇四〇〇〇〇〇〇〇〇〇一三

兩朝剥復録六卷遺藁一卷　（明）吴應箕撰　三册

舊鈔本

書目來源：【目】

史〇〇四〇〇〇〇〇〇〇〇一四

談十山平粤録上　（明）談愷撰　一册

嘉靖本

書目來源：【目】【鑒藏】

史〇〇四〇〇〇〇〇〇〇〇一五

三藩紀事本末　（清）楊陸榮編　一册

書目來源：【目】

史〇〇四〇〇〇〇〇〇〇〇一六

霜猿集　孟森撰

書目來源：【目】

史〇〇四〇〇〇〇〇〇〇〇一七